段永平传

孙力科 著

浙江人民出版社

图书在版编目（CIP）数据

段永平传 / 孙力科著. -- 杭州 : 浙江人民出版社, 2023.7

ISBN 978-7-213-11030-6

Ⅰ. ①段… Ⅱ. ①孙… Ⅲ. ①段永平－传记 Ⅳ. ①K825.38

中国国家版本馆CIP数据核字(2023)第051421号

段永平传

DUAN YONGPING ZHUAN

孙力科 著

出版发行 浙江人民出版社（杭州市体育场路347号 邮编 310006）
责任编辑 张世琼
责任校对 何培玉
封面设计 刘红刚
印 刷 北京世纪恒宇印刷有限公司
开 本 700毫米×990毫米 1/16
印 张 15.5
字 数 161千字
版 次 2023年7月第1版
印 次 2023年7月第1次印刷
书 号 ISBN 978-7-213-11030-6
定 价 58.00

前　言

谈到段永平，很多人可能没有印象。作为一个很少与媒体打交道，很少在公众场合露面的企业家和投资者，段永平的确不像李彦宏、马化腾、曹德旺这些企业家那样有较高曝光率。不过提起小霸王、步步高品牌背后的推动者，以及第一个与巴菲特共进午餐的华人，也许很多人有印象，这个人就是段永平。

段永平的身份有很多，企业家、投资家、慈善家，每一个身份都很光鲜。然而，他为人低调，尽管他曾是国内知名的企业家（后来移民美国，从事投资工作），但很少与媒体接触，即使接触也大多是在2000年之前。在互联网发展腾飞的时代，他却很少出现在镜头面前。

饶是如此，对于那些能近距离观察他的人而言，段永平个人魅力十足。有一个跟随段永平创业的员工这样描述他：“我近距离接触和观察过，也远距离分析过许多中国优秀的企业家，阿段是中国企业家中最令我敬服的一位。”这位员工这样评价段永平：他不怒自威、举重若轻；他聪明绝顶又大智若愚、喜怒不形于色；他仁爱平和、慷慨大方、营销技巧高超而又绝不张狂。任正非、张瑞敏、倪润峰等中国优秀企业家身上所具备的大气、胆略、智慧、敏锐、坚强、慷慨、诚信、仁爱、勇敢、正义、诚恳、遵纪守法、谨慎等优点，段永平基本上都具备，而段永平拥有的优点，有些他们却不具备。

这些别人不具备的优点，总结起来就是他的基本功。《赢周刊》的主持人曾经问过段永平成功的秘诀是什么，段永平这样回答："做企业讲究的是基本功。举一个简单的例子，一个运动员，他之所以能出成绩，绝不是取决于现场的某个球和动作，而是取决于他苦练了10年甚至更多年的基本功。比如打乒乓球的，全国可能有成千上万人，而真正能够每天练10小时，练上10年的，可能只有几千人。几千人中能够达到世界冠军级水平的，可能仅有几十人。那么，最后谁能拿世界冠军呢？这时很多因素就起作用了，比如运气、天赋等。这些因素只有在这个时候才会起作用。所以我认为，最重要的是那10年的每天10个小时，后面的事情叫'成事在天'。如果你连'谋事在人'这一点也没有，'成事在天'是没有意义的，所以我更注重练头10年的基本功。"

段永平接着解释了什么是基本功，他认为基本功包括产品的开发能力、质量的控制能力、市场的运作能力、人力资源的管理能力等。它更多地体现在对某一项工作各个环节的把握能力上。在这些方面，段永平都具有优势，因为在很多时候这类工作是他亲自去做的，而很多企业家则未必接触过这些工作，他们更多的时候是听取汇报、制定发展战略、进行人事任命等，没有在更广泛且具体的事务上接受磨炼。在国内，很少有企业家像段永平那样有全面的工作经验、对企业的发展有着精准的把握，他们中的很多人没有在一些基本的工作岗位上经受过锻炼，或者从事过这类基本的工作。

比如，市场是企业发展的生命线，很多企业家不熟悉如何开发和拓展市场，只能求助于专业人才。而段永平是少数洞悉市场竞争规律的企业家，他了解产品上市、品牌运作的规律，并且具有较强的执行能力，且有魄力进行变革，确保企业在制度化、规范化的道路上健康发展。无论是在经营小霸王期间，还是创办步步高之后，段永平的市场嗅觉总是非常灵敏。他知道市场需要什么产品，了解消费者喜欢什么产品，并且能够以最高效的营销方式赢得市场的关注。

良好的基本功，使得段永平可以非常精准地把握市场变化的节奏。也许很多人认为段永平不是同年龄段的企业家中最聪明的，也不是最善于表达的，更不是运气最好的，但他是一个非常善于把握节奏的人。他知道什么时候该做什么事，什么时候要加速，什么时候要适当减速，所以他的创业之路总体还是很顺利的，没有走太多的弯路，没有犯方向性的错误。他从创业到投资的转变也异常顺利，这些看上去似乎是自然而然发生的，但实际上体现出段永平独特的节奏感，若换成其他人，可能就不会做得那么好。

段永平一直强调“敢为天下后”，这也是其有良好的基本功、节奏感的一个重要表现。一家企业在进入市场时要确保时间节点既不早也不晚，这非常困难，只有段永平这样的高手才能够准确捕捉到那个“时间节点”。同样，在投资方面，为什么段永平可以快速上手，并依靠投资成为亿万富翁？原因就在于他在经营和管理企业时培养了观察力和节奏感，知道什么时候出手会获得更多的收益。

当一个人拥有出色的基本功时，他的工作状态就会变得越来越好，不仅节奏感会得到强化，思维层次也会得到明显的提升。段永平的偶像、“股神”巴菲特曾经说过：“像经营企业一样进行投资。”在他看来，一个出色的投资者，首先要把自己当成一个企业家，要了解企业的基本信息，感知企业的内在价值，建立长久经营的心态，构建顶级的企业家思维。尽管没有人认为段永平是教父级别的企业家，也没有人认为他是世界顶级的投资家，但他的思维层次和战略眼光确实是世界级的。

著名的管理学专家吉姆·柯林斯曾经提出了第五级领导者的概念，他将领导者分成五个层级，不同层级的领导者具有不同的水平和特质。

第一级领导者能力出众，并且能够将能力转化为价值创造，但他们偏重于技术开发而非管理。

第二级领导者具有奉献精神和团队意识，注重配合，善于协调人际关系，但领导力和资源统筹能力却稍显不足。

第三级领导者精明能干，善于组织和分配资源，确保资源利用最大化，是非常优秀的资源整合型领导，但是在其他管理才能上却不那么突出。

第四级领导者非常注重目标管理，不仅目标和方向非常明确，而且善于激励团队，自身也具备了良好的职业素养，能够以身作则，整个团队能够高效运转。

第五级领导者常常是公司的执行官，这类人不仅个人能力出众，而且具备了强大的领导力和出色的战略规划能力，能够带领团队走可持续发展的道路。此外，他们常常非常低调、谦逊，意志力也非常强。

如果认真进行分析，就会发现段永平属于第五级领导：领导力出众，理性而谦逊，处事温和果断，抗压能力强，具有长远的战略眼光和执行力。这一层级的领导能够带领团队走得更远一些。

还有一点也很重要，但凡基本功扎实的人，大都经历过磨炼，经历过捶打。这种人不仅有视野，根扎得非常稳，而且往往拥有低调的个性。以段永平为例，他有光鲜的履历和出众的能力，堪称偶像级别的企业家，至少对认识他的人而言，他的个人形象应该是高大的。但事实上，接触过段永平的人常常惊讶地发现，他看起来就像是一个“小人物”“小角色”——留着千年不变、看上去毫无特色的小平头，穿着打扮更是与“光鲜”两字不搭边。有一次，他去中央电视台参加广告投标活动，其他人衣着光鲜靓丽，段永平却衣着朴实，完全不像一个企业家。门卫曾觉得段永平就是一个闲人，将其拦在了外面。段永平解释了半天，门卫还是将信将疑。因为门卫从来没有见过哪一个企业家是这样一身朴实的打扮，这个人担任领导的企业居然还是中央电视台的广告大户。

在“归隐”之后，很多记者慕名前往美国采访他，于是他临时租借了一间办公室。办公室非常简陋，没有气派的装潢，没有高档的办公用具，没有奢侈的摆件，而且办公室里挤着8个人。有人建议他稍稍装修一下，不用豪华装修，至少不能太朴素，但他觉得没必要。

不仅如此，他还不喜欢过多地在媒体面前抛头露面，也没有兴趣让自己成为一个“网红企业家”。很多记者想采访段永平，希望他发表慷慨激昂的演说，但是每次都失望而归。段永平不善于讲故事，不知道如何煽情，也不会讲述一些情节曲折的企业秘闻，这让采访者觉得乏味，但他却是在发自内心地谈论一些企业中真正有价值的元素。

有人说段永平是“最不像企业家的企业家”，然而与段永平合作过的人，都称赞他的为人，过去的领导、同事、下属、客户，都很满意他的为人。创业期间，他就懂得为员工的利益着想，懂得从客户和消费者的角度出发考虑问题。段永平不仅记得自己的客户，而且对每一个采访过自己的人，都清楚地记得对方的名字，这或许是他记忆力强的一种表现，但更多的是因为尊重他人。只有那些真心待人、平等待人的人，才会清楚地记得别人的名字。

很显然，作为一个基本功扎实的优秀企业家，他魅力四射，又有着一些神秘感，因此很多人对他充满兴趣。本书详细描述了段永平的出生、成长和发展历程，讲述了他人生中三次重要的转折，力图还原一个最真实、活生生的段永平。当然，为了凸显他的个人魅力，书中在描写他创业、投资方面着墨较多，还重点阐述了他的经营管理理念和投资理念，并由此折射出他的人生观和价值观。

书中在很多地方将段永平置于大的时代背景和环境中进行描述，以方便读者更好地理解他在不同时代所扮演的角色，以及所释放的个人能量。

虽然笔者力求尽可能地还原段永平的人生经历，但是段永平早在二十多年前就移民美国，他的很多个人信息停留在十几年前，最近几年的消息不多，加上他很低调，这就给写作材料的搜集带来了一定的困难。因此有些内容在细节上有所欠缺，一些相关的内容也是段永平早年接受采访时吐露的只言片语。因此本书不同于其他个人传记，在很多方面只是展示了他的个人理念和魅力，不过这或许才是读者更加关心的。

目　录

第三章

风云再起，步步高集团下金蛋

第四章

英雄的退幕和角色的转换

第五章

巴菲特投资理念的忠实拥趸

第六章

低调的务实者与一盘很大的棋

第七章

哲学与人生：回归本源

第一章

生活就是最好的历练

一个人性格特质的形成与他的成长经历有关，只有了解了此人的生活轨迹，才能对他有一个更清晰的认识。作为20世纪60年代出生的人，段永平身上有着鲜明的时代印记，但他又不同于那个时代的其他人，他每走一步，每进入一个成长阶段，都有自己独特的想法，从上大学，到工作，再到辞职继续深造，之后选择南下……他的选择既循着时代发展的方向，又超越了环境的约束。他是少数能够保持清醒的人，知道什么才是适合自己的，知道自己想要什么，以及如何实现这些目标。

井冈山下的江西老表

提起南昌，很多人最先想到的是它的红色基因，南昌起义揭开了中国共产党独立领导武装斗争和创建革命军队的序幕，这座城市被称作“英雄城”。

南昌自古以来就是南方的一座重要城市，取名“南昌”即“昌大南疆、南方昌盛”之意。在古代，南昌因为有发达的水陆交通网络，商贸非常发达。初唐大才子王勃曾经称赞南昌“物华天宝”“人杰地灵”。北宋时期，由于经济重心南移，江西成为全国重要经济区域。当时整个江西地区的人口达到446万，占全国总人口的1/10，位居全国首位，人口的增长进一步促进了商贸的发展。

北宋时期的南昌还利用其地形优势和水道优势兴修水利，发展农业，并因此成为周边城市的粮仓。农业的发展又推动了手工业的进步，使得南昌成为当时的造船中心之一，纺织业、兵器制造、印刷、造纸业也获得全面发展，一时之间，南昌成了商贾名流聚集之地。那个时候，江西商人善于将本地的瓷器、茶叶、金银、竹木制品销往外地，其中以南昌的商贾最为活跃。他们把江西的产品运到淮北，甚至通过海路出口到国外，然后从东南亚等地购入大量的珍珠、象牙、犀角、琉璃、丁香、槟榔、沉香、檀香等产品，在国内市场销售。至明清时期，南昌则是国内少数几个出现资本主义萌芽的地区之一，商贸非常繁荣。

南昌商贸繁荣一时，其实离不开一个重要的群体——“江右帮”。“江右帮”最早在北宋出现，它与晋商、徽商鼎足而立，成为全国重要的经济力量。作为国内著名的商帮，“江右帮”，或者说江西商贾之所以可以在1000多年的时间跨度中发挥重要作用，最重要的在于他们在经商时推行“德商”，即做生意讲究诚信，善于合作，懂得让利于人，因此得到了大家的认同。这种商贸文化一直流传下来，培育出很多出色的江西商人和企业家。目前，在全国各地和海外的江西商人数量超过300万，全国闻名的企业家也不少，用友网络科技股份有限公司董事长王文京便出生于江西上饶，正邦集团有限公司董事长林印孙是江西抚州临川人，江西济民可信集团有限公司董事长李义海是江西南昌人，中国安防技术有限公司董事长涂国身是江西吉安人，深圳市裕同包装科技股份有限公司董事长王华君是江西九江彭泽人，江西煌上煌集团有限公司董事局主席徐桂芬是江西南昌人，还有一位知名企业家和投资者也出生于江西，他就是被称为“隐形富豪”的段永平。

1961年3月，段永平出生在南昌。那时的中国自然灾害频发，大多数人的生活非常艰难。也许是希望儿子不再经历祖辈父辈的动荡人生，能够平平安安地长大，也许是希望整个国家从此可以保持和平、安定的状态，父母给孩子取名“永平”。正是那一年，段家迎来了另一个好消息，江西水利电力学院（如今的南昌工程学院）同时聘用了段永平的父母。当时，大学老师捧的是“铁饭碗”，家里有两位大学老师，一家人的生活从此就有了保障。

在良好的家庭生活条件下，段永平享受了几年无忧无虑的时光，可是到了5岁那一年，情况却发生了一些变化。段永平的父母被下放到了农村，年幼的段永平只能跟着一同前往。

段永平的父亲段锡明是一个非常乐观的人，他没有因为离开大学而感到沮丧，也没有对农村生活感到反感，唯一担心的就是孩子能否适应新的环境。他和妻子被分配到有着中国革命摇篮之称的井冈山，一家人住在山脚下的偏僻农村，距离南昌市约300公里，距离井冈山市区也有40公里。这里地处湘赣两省交界的罗霄山脉中段，交通非常不便。当年，红军之所以选择井冈山作为革命根据地，就是因为这里地势偏远，而且山多，便于保存和发展革命火种。

从南昌市区到井冈山农村，生活水平自然直线下降，但这样的生活可以磨炼一个人的意志。在段永平的记忆里，整个童年时代基本上就是一个词——匮乏，饭常常吃不饱，学习条件更是无法与南昌市区相比，师资力量不足，教室也不够用，一年级、二年级、三年级的孩子只能挤在一起上课。不仅如此，教室内破破烂烂的，漏风漏雨，连一张像样的桌子和一把像样的椅子也没有。

学生们除了认几个简单的字之外，每天要学习的知识就是如何种植水稻，如何使用农用机器设备。如何填饱肚子在当时始终是重中之重，更何况是在经历了三年自然灾害的打击之后，将种庄稼纳入学习课程，自然也是意料之中的了。

那时，学习和劳动没有明确的界限，或者说在当时的教育模式中，劳动本就是学习的一项重要内容。段永平在放学或者假期时，常常要跟着大人下到田间干活，尤其是在农忙时节，小孩子要跟着大人抢收抢种，没日没夜地干农活。环境逼着每一个人快速成长，孩子们自然而然就变成了劳动小能手。

段永平印象最深的是9岁时的生活经历。那时，他上小学四年级，学校开设劳动课，布置的作业不是在田里干农活，而是上山砍柴。由于需要烧窑，需要炼钢，很多地方的山林被过度采伐，砍柴就需要进入深山。段永平经常在凌晨4时起床，然后步行10公里进深山砍柴，无法赶回来吃饭，只能带上干粮应付几口。

最难的是回家，由于个子不高，营养不良，段永平无法像打小长在农村的孩子那样，挑着柴火走10公里的山路。对他来说，每一次挑柴回家都是一次地狱般的磨炼，路似乎永远也走不完，尤其是最后的几里地，他只能在同伴的鼓励和陪同下咬牙坚持，一步步挪到家。大多数时候，他到家已经是晚上八九时了，有时候累得全身像散了架，倒头就能睡着，饭顾不上吃，澡也顾不得洗。

这样艰难的生活对今天的孩子来说几乎是无法想象的，但段永平在回忆的时候从来没有说“不好”。对那个时代、那段特殊的经历，他更多的是抱着感恩的心情，更多保留着的是温暖的记忆。比如，段永平数次谈到自己的生活态度，而童年的那段时光是契合他的态度的。在物资匮乏的年代，他可以帮忙干农活，还抽空上树捕鸟，下河捉鱼，生活得非常充实。在印象中，他经常和小伙伴们一起丢石子，一不小心就会打破人家的玻璃，连人家养的鸽子也没少遭殃。段永平和小伙伴们在艰苦的生活中找到属于他们自己的乐趣。

可以说，正是童年的经历才培养了他独特的心性和强大的意志力。事实上，在那个年代成长起来的企业家，大都经历过物资匮乏、自力更生的生活，这样的生活恰恰给予了他们最好的磨炼。任正非、宗庆后、曹德旺都是这样的人，艰苦生活的磨炼，培养出他们很多优秀的特质，比如说勤劳。在那个年代成长起来的人大都能吃苦，能够理解勤劳的真正意义，所以当他们日后走向社会时，无论是创业，还是进单位，都能全身心地投入工作。

那个年代的人有着坚强的意志力和抗压能力，在困难的环境中成长起来的他们，有了应对各种困难的勇气和信心。以任正非为例，他在创业初期面临巨大的困难，一度难得连工资也发不出来，自己也是四处举债，但他和华为一直在努力克服困难，最终在跌跌撞撞中发展壮大了。即便到了今天，当华为遭遇外部发展环境的巨大挑战时，任正非仍然保持着惊人的毅力，顽强地带领华为人一步步走出了困境。

还有一点就是对学习的渴望。在物资匮乏的年代，越是优秀的人对于学习的热情越高，因为相对于其他人而言，优秀的人在经历过苦日子后，对于贫穷和落后有更深刻的体验，改变贫穷、落后的意愿也更强烈。他们会努力寻求学习机会来改变命运，包括学习先进的经营理念，学习先进的技术，打造先进的模式，通过不间断地学习和改进，来提升自己适应环境甚至改变环境的能力。

从某种意义上说，段永平身上有着优秀企业家共有的时代印记，以及这些时代印记所赋予的“超能力”，而这些则是他日后逐步走向成功的关键。

浙江大学的无线电才子

1977年10月21日，《人民日报》头版头条发表了题为《高等学校招生进行重大改革》的文章，宣布正式恢复高考，并且教育部通知在当年12月举行高考，由各省自主命题。由于高考自1966年停止，当全国恢复高考的消息传开后，举国上下成百上千万学子跃跃欲试，期待着通过高考进入大学接受更高层次的学习。

据不完全统计，当时报名参加高考的人数超过1000万。据统计，2019年全国高考人数为1031万，2020年报考的人数为1071万，可以想象当时的盛况。虽然最终只有570万人参加了1977年的冬季高考，但在当时的条件下已经很不容易了。2017年，凤凰网曾推出一档名为“恢复高考40年”的栏目，嘉宾北京大学教授陈平原谈到了“饥饿与求知”的话题，这正是那个年代普遍存在的状态。陈教授说了一件事，他曾问过自己的学生："第一，你有没有饥饿的感觉？第二，有没有求知的欲望？"陈教授非常激动地谈到恢复高考时的心情，强调那代人既有饥饿的感觉，又有强烈的求知欲望。

对于高考的渴望一直激励着段永平，与那个时代所有渴望求知的年轻人一样，他对于上大学有着超乎寻常的热情。何况他出身于知识分子家庭，父母都是大学老师，因此希望上大学的愿望要比其他学子更为强烈。在谈到自己上大学的心境时，他曾做了一个非常贴切的描述："所有的人生目标都浓缩到了这里，我段永平恨不得用一切聪明智慧和时间来换取这张入场券。"

然而，在首次参加高考时，由于之前没有获得系统学习的机会，加上复习的时间很短，他的考试成绩很糟糕，没能搭上大学的列车。在那个年代，对多数人而言，高考往往意味着一切，因为只要考上了大学，就可以改变自己以及一家人的命运，可以说，大部分人生目标几乎都浓缩在这里，高考成败直接决定着他们人生的走向。在重压之下，难免会出现情绪上的失控，但失利并没有让段永平气馁，他咬着牙告诉自己，下次一定要把握住机会。

1978年4月6日，《人民日报》报道，教育部决定在1978年夏季再次进行高考招生，由全国进行统一命题。为了指导各类考生更好地参加考试，教育部还专门组织编写了《一九七八年全国高等学校招生考试复习大纲》，引导考生更好地进行复习。

不仅如此，国家还下发通知，要求各单位根据生产、工作情况，为参加高考的考生创造必要的条件，给予考生更多的支持和帮助。4月20日，全国教育工作会议在北京召开。两天之后，《人民日报》再次发表了《搞好复习，迎接一九七八年高考》的短评，呼吁各级领导“注意听取广大青年的意见和要求，给他们一定的时间复习功课，统筹安排好他们的工作、生产、复习和休息，提醒他们注意劳逸结合。对青年的复习问题不理不问，漠然置之是不对的。冷嘲热讽，甚至采取各种不正当的手段阻拦考生复习功课，更是不对的”。

在得知新的高考政策后，段永平没有任何犹豫，直接报名参加了第二次高考。考虑到复习时间不长，段永平一方面想尽一切办法将诸多课程的知识点进行浓缩整理；另一方面开始把时间尽量集中在学习上，避免受到其他事情的干扰。

由于复习方法高效，且勤奋努力，经过半年时间的复习之后，段永平的进步非常明显。在1978年的高考中，段永平的五门功课总分为400多分，平均单科成绩超过了80分，总分是第一次参加高考时的5倍。这一年高考的总分为500分，这样的成绩在当时是非常出色的。取得优异成绩的段永平，被浙江大学无线电系录取，成了人们眼中的“天之骄子”。

尽管之前他无数次设想过这样的场景：当他收到大学录取通知书时，会抱着它大哭一场，会拿着它在父亲和母亲面前欢呼雀跃。可现实情况恰恰相反，收到大学录取通知书的时候，他没有激动的表现，没有情绪的波动，他等到了一个好的结果，但是年轻而早熟的段永平反而更加迷茫了。这就像吃桃子一样，当桃子还没有成熟的时候，一直盼吃上一口，从发芽等到开花，从长出果实盼着果实成熟，然而当自己捧起成熟的桃子咬了一口时，才发现桃子没有想象中的那么香甜。在那一瞬间，段永平明白了一个道理："人生的乐趣在于它的过程。"

有这样的领悟，对一个十几岁的年轻人来说十分难得，若非经历过人生的大起大落，若非有丰富的生活经历，很难会有这样的感悟。段永平的心智成熟程度显然超出了同龄人。也许正是从这个时候开始，他对自己的人生有了更高的期待，有了更多哲学上的思索。如果对段永平日后的经营投资理念进行分析和总结，你就会发现他多年来一直坚持的理念就是"享受过程"。好的结果同样令人欣慰，但他似乎并不是特别在意，仅仅是将结果当作经营过程的产物，把过程控制好了，好的结果自然会出现。

这体现了段永平的生活理念和投资理念。在生活方面，段永平更喜欢体验生活的过程，比如他经常与朋友外出钓鱼，而钓鱼的乐趣不是钓到了多少鱼，钓到了多大的鱼，而在于钓鱼这项活动本身的乐趣。那些成天盼着钓大鱼的人，为什么不直接选择用渔网捕鱼呢？段永平不喜欢快节奏的生活方式，因为那样会错失很多有趣的东西，所以他更愿意以慢节奏来享受生活中的一切。

段永平认为快就是慢，慢就是快，让自己慢下来，细细品味整个过程，这比直接获得一个结果更有意义。

放弃“铁饭碗”，继续深造

1982年，大学毕业的段永平，被分配到北京电子管厂。这个厂原本是1953年由苏联援建的电子工业部所属的774厂，是国家第一个五年计划期间的重要项目。当时，国家在电子工业领域的投入达5.5亿元，而北京电子管厂占了五分之一的投资。作为当时亚洲最大的电子元器件厂，该厂拥有近万名工人，竞争力很强。

虽然每个月工资只有46元，但是段永平对未来充满了憧憬，认为这里会给自己提供很好的发展平台。令人始料未及的是，在改革开放之后，北京电子管厂的产量和销量快速萎缩，不仅仅是北京电子管厂，整个中国的电子产业都因为外国技术和产品的进入而遭受严重的冲击。致命的是，国内一直很重视的电子管技术被更先进的半导体技术取代，国内企业面对外来技术丧失了竞争力。

1985年，北京电子管厂的产量相比于巅峰时期下滑了90%以上，工厂差不多有一年时间发不出工资。段永平看到了国内外的技术代差，心里很不是滋味，他有心发挥自己的价值，想着有朝一日可以给北京电子管厂带来一些变化，但是碍于内部僵化的管理体制，他根本无法施展才能。此外，很多年轻人都想着做一番事业，但是往往什么也做不了，整个企业没有什么活力，他有些心灰意冷，很快意识到自己必须立即离开，以免后半生浪费在这里。

其实，段永平当时完全有机会跳槽到其他公司，以他的学历，在其他公司或者工厂里找到一份不错的工作并不算什么难事，毕竟在那个年代，大学学历还是非常吃香的，良好的学历以及北京电子管厂的工作经验，都可以作为他谋求下一份工作的有利条件。但是相比于找工作，段永平似乎更加看重个人能力的进一步提升，所以他很快做出了一个大胆的决定，离开北京电子管厂，继续学习和深造。通过更高层次的学习，给自己带来更好的发展机会。于是，他重新拿起了书本，并拿出了当年高考的劲头进行复习。功夫不负有心人，第二年，段永平最终顺利考取了中国人民大学的硕士研究生，主攻计量经济学。

在本科时期，段永平读的是工科专业，继续深造工科专业，无疑会给他带来更多的便利。然而段永平的眼光更远。事实上，改革开放以来，发展经济就成了国家最大的任务，掌握更多的经济学知识，才能够真正了解经济发展的规律。这个决定影响了他的一生，可以说段永平日后的创业和投资，都是因为这一次深造。对经济学的接触和专业学习，培养了段永平对经济问题独立思考的能力。他开始尝试从不同的角度分析一件事，培养了自己的商业思维。

后来，在谈到自己的决定时，段永平认为自己有必要看得更长远一些。如果只看重眼前的利益，而不为长远的发展考虑，就有可能因小失大。

段永平能够跳出眼前框架的束缚，放眼未来，他还特意强调了一个原则：坚持做对的事情，然后努力把事情做对。这个原则成了段永平日后创业与投资的核心理念。在他看来，“做对的事情”是原则和方向的问题，选择“做对的事情”就是如何选择合理的目标。比如创业时选择那些最适合自己的项目，投资时选择能力范围内的选项，这些都是“做对的事情”的表现。而“努力把事情做对”侧重的是方法和技巧。

这两个问题在生活中很常见，但常常被颠倒顺序，比如很多人看重方法和技巧，认为“努力把事情做对”更加重要，结果却常常因为选择了错误的方向而越做越错。段永平曾说，他的人生有一个“不为清单”，有所为有所不为，它不是一个技巧也不是一个公式，而是一种思维方式。如果发现当下正在做的事情是错的，那就立刻停止，因为这个时候成本是最小的。

段永平早年与朋友下围棋，常常越下越不舒服，处处受到制约。下完棋后，他问朋友为什么自己感觉能力还行，但怎么下都感觉不对呢。朋友笑着说因为段永平从一开始就下错了棋，所以后面无论怎么努力思考对策，最终一样会输。段永平那个时候意识到，相比于努力和能力，方向有时候更加重要，一家企业或者一个人做事的方法可以笨一点，路可以走得慢一些，但只要坚持朝正确的方向前进，最终将实现自己的目标。

遗憾的是并非所有的人都拥有这样的认知，毕竟技巧性的因素更容易带来暂时性的满足，比如在积累资本的时候，过热的资本情结常常会将人们推向只求结果的极端。很多人更愿意运用一些投机的方式和技巧获益，但一个人要想真正成为富人，就要具备投资的眼光，选择合适的项目。

段永平认为最好的方式是坚持“做对的事情”，然后在此基础上“努力把事情做对”，即在正确的事情上使用正确的方法，以确保更快地实现预期目标。从就业的角度做分析，就是选择合适的行业与合适的工作岗位，通过学习工作技巧和方法提升工作能力；从投资的角度来说，就是运用价值投资理念选择合适的项目（有增值空间，长久发展的潜力，能力范围之内或者专业对口的项目），再运用投资手段和技巧（选择合适的时机买入或者卖出）。

在管理领域，很多执行者努力把事情做对，期待追求一个完美的结果，可事实上，做的事情本身如果不对，不符合公司的发展方向和利益诉求，那么无论这件事做得多么出色，最终都对公司的发展没有任何帮助，甚至会带来负面影响。因此管理者一定会要求员工必须做对的事情，明确做事的基调和方向，然后选择高效合理的方法，努力把事情做对。

总的来说，“做对的事情”是核心，是基本准则，代表了人生的发展方向，“努力把事情做对”则是一种发展所需的态度，个人的态度应该建立在发展方向上并服务于发展方向，这样才能更顺利、更高效地推动自己向目标靠拢。段永平正是在这样的理念中慢慢前行的，他为自己日后的人生开了一个好头。

拒绝北漂，一切往南看

1988年7月，段永平研究生毕业。要知道在1986年，全国总人口约10.75亿，招收的研究生只有4.1万人，如此之低的比例注定了研究生这一群体成为香饽饽，更何况段永平毕业于中国人民大学。很多单位向他抛出“橄榄枝”，其中不乏国家机关单位和大型国企，待遇非常诱人。

面对这样好的待遇，他完全可以留在北京，要知道早在20世纪70年代，就有一大批打工者涌入北京，但由于无法解决北京户口问题，加上工资不高，这第一批北漂族中的多数人都没有在北京扎下根。按理说，段永平应该把握学历优势带来的机会。但经过再三思考，段永平果断选择离开北京。他有自己的考虑：北京的生存环境并不适合自己，在单位内部，大家经常讨论的是“谁是谁的儿子”，而不是“谁的能力更强”，这样的环境让他感到压抑，于是他将目光看向了南方，决定南下下海。

离开北京之后，段永平没有回江西老家南昌，而是选择赴沿海城市，因为当时改革开放的热潮在南方沿海城市，它们比北方城市更具有活力，南方沿海城市的包容性、开放性也远远强于北方城市。例如，广东的很多地方喊出了“你有多大本事就为你搭建多大台子”的口号。显而易见的是，相比于留在北京，沿海城市能够为他提供更多更好的机遇。对于经济发展形势的深刻分析，使得他对沿海地区充满了期待。

海南岛成为他的第一选择。1988年3月25日—4月13日，第七届全国人民代表大会第一次会议在北京召开。会议正式批准设立海南省，并划定海南岛为经济特区，一时之间，海南岛成为一个热门的投资地区，大量资本蠢蠢欲动，众多企业家和投资者将目光放在了海南岛。段永平很快前往海南岛考察，却发现这里的投机氛围非常浓厚，大家都在想着如何趁着国家政策带来的开发热潮挣快钱，无论是就业还是创业，都有很大的风险。

段永平的担心不是空穴来风。其实早在1984年，坊间盛传海南岛要脱离广东自成一个省份，就有很多人前往海南岛做起了倒卖汽车的生意，导致海南岛的投资环境越来越糟糕，开发由此陷入混乱和停滞，海南岛错失了第一次机会。1988年，海南建省，商人和资本再次涌入海南岛，这一次资本集中到了房地产领域，可当时未成功开发的海南岛地产根本容不下这么多的资金。段永平在考察的时候，就意识到了这一点，后来发生的一些事也证明了他的预测，海南岛错失了第二次发展的机会。不仅如此，在2009年创建国际旅游岛时，海南省再一次被房产投资商盯上，很快产生了房产泡沫，投资环境又被污染，发展陷入停滞，虽然是后话，但证明了海南在发展过程中，由于得天独厚的地理位置和政策利好，最近三四十年一直是资本投资的热点，可是由于没有建立起更完善的市场管理机制作为配套，所以出现了投机行为。

意识到海南省并不适合投资，段永平便直接去了广东，作为当时改革开放的桥头堡，广东的发展速度很快，当地流行一句话："东西南北中，发财到广东。"在广东诸多城市中，深圳似乎是最理想的选择。深圳早在1980年就成立了经济特区，从20世纪80年代开始，一直都是投资热土，而且诞生了一大批出色的企业以及优秀的企业家。比如，中兴通讯1985年在深圳成立，华为则在1987年成立于深圳市龙岗区，同年成立的还有招商银行，中国平安则是1988年成立于深圳蛇口。可以说，那时的深圳具有极大的吸引力。

由于对海南的考察令他失望，所以段永平也没有去深圳，或许是担心深圳也会刮起一阵阵的投机风，他最终选择了佛山这样一个不起眼的小城市，也许在他看来，选择这样的小地方投资可能会更加踏实。

段永平憧憬着在小城市扎根并发光发热，但他很快意识到现实没有想象中那么简单。到佛山之后，他进入佛山市的无线电八厂上班，工作一段时间之后却发现，这家企业内部人才扎堆，竞争比北京很多国企还要激烈。

原因在于这家工厂曾经生产了一款名为“星河牌880组合”的音箱，不仅获得了波兹南国际博览会（国际上重要的博览会）金奖，还被国家当成了国礼送给外国领导人，无线电八厂也因此名声大噪，成为一家名牌企业。在这样的背景下，工厂开始了轰轰烈烈的“抢人才”活动，将目光锁定在名校毕业生身上，并且许诺给予住房、解决户口的待遇，就连家属也能安排工作。正因为如此，几百人的公司一下子成了高学历人才的聚集地，其中本科毕业生150多人，研究生50多人。一家工厂中有如此密集的人才，不可能每一个人都被安排到一个好岗位，结果造成了大量人才的浪费。

段永平再次失望了。自从离开北京后，他一直踌躇满志地想要找到一个能够最大限度发挥自身价值的地方，可是接二连三的打击让他感到迷茫。其实，段永平遭遇的挫折与那个年代大部分南下的年轻人一样，一方面，改革大潮带来了无数机会，人们纷纷将沿海城市当成掘金地，觉得一定会找到称心如意的工作；另一方面，大量人才涌入珠江三角洲经济区的少数几个城市，带来了更激烈的竞争，而且很多城市的就业环境并没有想象中那么好，严重影响了专业与岗位的匹配度。

好在段永平有两个特质，一是热血和激情，二是执着和坚守。热血和激情主要体现在他下海的态度，当时，不是所有的毕业生都有这样的魄力拒绝北京事业单位和北京户口。由此可见，段永平非常看好南方沿海城市的发展机遇。执着和坚守则体现在段永平有很强的毅力，无论遭遇到什么样的困难，什么样的挫折，他都不会轻易改变初衷。这两个特质正是成长为优秀人物的重要因素。

第二章

理想主义者的成功和失败

段永平是一个理想主义者。他有着那个年代创业者、企业家的雄心和抱负，对自己的未来有着明确的规划，和那个年代众多的创业者一样，既获得了很好的发展机会，在敢闯敢干的思想潮流中，打造了属于自己的事业，同时也不得不因为一些现实问题陷入挣扎。在岁月的激荡中，段永平的理想在现实环境面前遭受了多重打击。成功和失败，理想和现实，进或退，取或舍，成为那个时代的一个基本旋律，有的人在时代浪潮中选择了妥协，有的人则选择了坚守。选择的不同，造就了不同的人生。

初生牛犊不怕虎的厂长

离开佛山之后，段永平有些困惑，不知道该去哪里，这个时候，一个朋友向他推荐了中山市的一家电器设备厂，即日华电子电器设备厂。该厂是中山市怡华集团旗下的一家小公司，一直做游戏产品代工。中山市怡华集团是一个企业集团，名下的产业涉及旅游、贸易、文化和工业等，代工游戏产品也是其中一个项目，在当地综合实力排名第三。事实上，日华电子电器设备厂是一家陷入停滞、常年亏损的小企业。集团公司想要扶持这家工厂，可是又担心亏损越来越多，于是将其视作鸡肋。

段永平进入工厂之后，很快就引起了领导的注意，因为段永平是当时厂里少有的高学历人才，不仅懂技术，还掌握了丰富的经济学知识，这样的人当普通的技术工人实在是太可惜了。当时的集团总经理陈健仁非常看重这个有硕士学位的新人，决定直接让段永平担任日华电子电器设备厂的厂长。在当时，厂里还有一个出色的年轻人叫占洪水，陈健仁也有意培养他，但是当专业对口的段永平出现时，陈健仁担心两个年轻人之间的竞争会影响内部的管理，毕竟一个工厂里不可能出现两个领导者。于是，陈健仁额外成立了一家印刷厂，直接将占洪水调到印刷厂当厂长。

或许陈健仁有自己的打算，首先日华电子电器设备厂的发展不尽如人意，必须有一个能力强的人来改变现状。其次，日华电子电器设备厂的发展情况非常糟糕，鲜少有人愿意接手烂摊子，安排一个新人若可以解决这个难题的话也值得尝试，即便新人干得不够出色，也无伤大雅。段永平入职不久就被提拔为厂长，说明领导器重他，可是段永平的家人却为这意外的荣升感到担忧。

家人的担忧是有原因的，段永平接手管理厂子时，账面上只有3,000元的流动资金，却背负200万元的借债，厂里也只有十几个人，根本没有竞争力。在家人看来，这不是器重，也谈不上发展机会，而是接了一个没有人肯接手的烫手山芋。

当时的200万元算得上是一笔巨款了，对比之下，1987年华为成立时，只有区区2万元的资金，很显然，对于任何一个继任者来说，200万债务都是一个巨大的压力，弄不好就要成为“背锅侠”。但是，段永平却欣然接受。他迫不及待地想要接受这次挑战。

了解段永平的人都知道，他是一个不甘于平庸的人，不是一个安于安定生活的人，在那样的生活空间里，他觉得无法释放自己的才华，无法实现自己的雄心壮志。相比而言，他更加期待能够发挥自身价值并且有成长空间的工作，自然也更加期待着接受挑战。

接手工厂的管理之后，段永平首先要做的就是搞清楚亏损的原因。日华电子电器设备厂当时主要为其他游戏机组装产品，哪种产品火爆就组装哪种品牌的产品。1983年，日本的任天堂生产了一款家庭游戏机，当时几乎每一个孩子都以拥有一款任天堂的游戏机为荣，各类游戏更是给孩子们的童年时代带来了不少欢乐，像著名的魂斗罗、超级玛丽都是任天堂的游戏。这款游戏机的火爆直接带动了国内一批代工厂，日华电子电器设备厂就是其中之一。但是，段永平认为代工非长久之计，应当打造自己的产品和品牌，这样才能不愁没有市场。

段永平带领团队进行市场调研，发现我国的游戏机市场潜力巨大，即便到了1990年，我国也才销售了300万台游戏机，而市场要达到饱和至少需要400万台。懂经济学的人都知道市场发展看重的是供需关系，当供给超过需求时，就意味着产能过剩，大量的产品会变成库存，引发产品价格的下跌。当需求大于供给的时候，意味着市场上存在着较强的购买力和营销空间，此时产品价格往往会上升，供需失衡越大，产品的价格也就越高。

家用游戏机的供给和需求差距如此之大，表明了家用游戏机具有广阔的发展空间，不过红白机（任天堂推出的家庭电脑游戏机）的水货（走私产品）进入中国市场后，价格一直居高不下，一台售价高达2000

多元，对于很多年收入不高的家庭来说，是一种巨大的负担。国内有很多模仿者推出了类似的产品，但是价格并没有降低多少，产品的功能却差了好几个档次，没有对市场形成冲击。

既然产品需求量大且价格偏高，那么，如果工厂能生产一款价格实惠、功能强大的同类型产品，不就能够迅速抢占游戏机市场了吗？想到这里，段永平立即组织技术骨干没日没夜地进行研发、开展技术分析，只用了两个月的时间就研制出了一款游戏机，游戏体验、功能与任天堂相差无几，价格却只有其四分之一（后来价格进一步下降），同时工厂又对游戏机的外观进行了调整，形成了自己的产品特色。

一开始，段永平租了一个名叫“创造者”的代理品牌，可是由于这家公司同时将这个品牌租给其他企业使用，后来干脆将品牌卖掉了，市场上便出现了混乱。气愤的段永平终止了双方的合作，并且开始琢磨自创一个品牌。1987年，他打造了“小霸王”这一品牌，日华电子电器设备厂正式改名为中山市小霸王电子工业公司。据说当时取名字时，段永平的一个朋友刚好看到马路上的“小霸王汽车”，于是提议叫小霸王，段永平觉得这个名字很有个性，容易记住。很多人认为“霸”字笔画复杂，设计品牌时，这个字不太好处理。但段永平认为这种复杂的字和“小”“王”这两个简单的字形成了比较强烈的对比，反而更适合传播。此外，“霸王”虽然有些锋芒外露，但是配上一个“小”字，就很协调了。

当时的国内市场，大部分游戏机厂还处于“什么品牌好卖就组装什么品牌”的初级发展阶段，对于自身的发展缺乏长远的规划，大多企业做的是贴牌代工。一些生产游戏机的企业，虽说推出了自己的产品，但实际上仍有组装的影子，技术研发不够成熟，产品质量也不稳定。相比之下，段永平有着战略目光和更长远的规划。他知道一家企业想要真正在市场上生存下去，就要有自己的核心竞争力，就必须打造自己的品牌。

20世纪80年代和90年代的很多企业从事的是代工、组装或者代理生意，但优秀的企业都最终以自己的品牌打造出了核心竞争力。比如华为之前从事交换机代理，收益尚可，但是任正非意识到代理业务迟早会走到头，非常容易被新的代理厂取代，只有自己研发交换机，掌握核心技术，才能在市场上真正站稳脚跟。正因为任正非有先见之明，才使得华为成长为一家具备强大竞争力的科技公司。娃哈哈也一样，作为一家老牌食品饮料公司，一开始是靠代销汽水、棒冰以及文具起家，当时的营业收入还非常可观。可是宗庆后力排众议，主张研发自己的产品，虽然这步棋走得非常冒险，也非常辛苦，但是娃哈哈后来正是依靠这样的发展思路快速成长起来的。

显然，优秀的企业家都是相似的，他们都有着超出常人的战略目光，更重要的是，他们深深知晓品牌和核心竞争力的重要性，这是他们能够带领公司从激烈的竞争环境中冲出来的关键。

扭亏为盈，崭露头角

在打造了小霸王这一品牌之后，日华电子电器设备厂的游戏机生产业务全面铺开。

虽然研发出了自己的产品，但这并不意味着一定会受到市场的欢迎，段永平知道产品的好坏必须由消费者来评判，他自己也是一个游戏迷，非常了解这个群体的需求，知道什么样的产品可以满足人们的需求。

功能和价格是重要因素。段永平要求技术人员必须在低价的基础上尽可能地保证游戏效果。一家企业的转型往往需要技术积累，需要组织变革，同时也需要在营销方面进行改革。段永平曾经对国内诸多竞争对手进行分析，发现多数游戏机厂商既不看重技术研发，也没有自己的特色，在营销方面更是缺乏有效的策略。他认为如果能摆脱过去那种粗放型的经营和发展模式，将会另有一番天地。

段永平首先强调了品牌和商标的重要性，为了凸显小霸王的定位，给消费者带来更直观的印象，小霸王的商标简单直白：两个连在一起的红色拳击手套碰撞在一起。这个商标既表现出童心，也展示了品牌强悍的一面，据说一只拳击手套代表质量，另一只代表售后服务。

一切就像商标中展示的那样，段永平对于游戏机的品质管控得非常严格，当时国内的游戏机大多使用进口集成电路的散件进行组装。很多品牌为了提升产量，在品质管理上并不严格，以至于产品的返厂维修率非常高，一些牌子的返修率甚至达到30%。小霸王在扩张的道路上一直都强调品质的重要性，段永平要求公司产品的返修率必须控制在0.3%，并且在公司内部推行负责制，质量一旦出现问题，相关负责人就会被追究责任。

追求低返修率以及推行负责制，在当时的商业环境下比较少见。各家更多关注的是自己卖出了多少产品，收回了多少资金。而段永平却对品质管理有着异乎寻常的关注，他认为产品的质量就是企业的生命线，直接关系着企业的未来，因此一直都将其作为发展的重中之重。在段永平的管理下，小霸王的产品质量很快赢得了消费者和市场的认同。然而，段永平并没有就此止步，他认为过去那一套管理体系存在着很大的漏洞，他对于管理、对于营销有了更全面的认识。

比如，很多企业家会将一个完整的商业流程分为：产品研发和制造——产品包装和营销——出售产品。但实际上，按照一个正常的循环和流程来看，应该是产品研发和制造——产品的质量检查——产品包装和营销——出售产品——售后服务，而且这个流程是循环往复的。

售后服务的纳入，会让整个产品质量控制环节更加完善，段永平很早就意识到了这一点。在他的规划下，小霸王在全国范围内建造了30多个服务中心，只要产品出现了问题，可以无条件包修包换。

接下来就是营销。1991年，刚刚从亏损中“上岸”的小霸王花了40万元在中央电视台登广告。要知道，此前还没有一家游戏机公司登陆央视：一方面是因为大家觉得游戏机上不了台面；另一方面则是做广告，特别是上中央电视台的广告价格不菲，很多企业吃不消，不愿意花那么多钱打广告。公司内的人都反对段永平这么做，尤其是公司刚刚转亏为盈，需要花钱扩展规模，40万元绝对不是一个小数目。可是段永平力排众议，他认为在电视为王的时代，中央电视台就是最好的平台。那个时候中央电视台的收视率非常高，而且给人一种高大上的感觉，是一个非常好的营销平台，可以拓展小霸王的知名度，并提升小霸王的品牌价值。

关于营销，段永平在这方面颇有天赋，早在中国人民大学读研究生期间，他就在课余时间做一些小生意挣学费和生活费。当时，生发剂非常火爆，他就拿着挣来的钱去市场批发生发剂，然后卖出去，一进一出，能挣不少差价。不过彼时的小生意只是小打小闹，与经营企业是不同的，但段永平还是从中发现了一些市场的运作规律，以及消费者的消费心理，他知道消费者真正想要的是什么。

结果正如段永平预测的那样，广告在中央电视台播出之后，引起了轰动，大批订单随之而来。那个时候，到公司来拉货的车挤满了道路，很多车子要排队几天才能提货。这样的盛况让大家感到欣喜，但问题也随之而来。由于小霸王实行全国总经销制，大大小小的客户都要排队进货，货物供给效率偏低，很多客户要等很长一段时间才能提到货物，在供大于求的市场状况下，这种总经销制会让发货受到影响。同时，由于客户提货后会私自涨价，直接导致各个市场的产品价格不统一，严重影响了各地代理商和消费者的利益。段永平认为："销售是一条链，工厂、供应商、代理商、零售商、消费者都是这条链上的一个环节，这条链上的每个环节都不能出问题，一荣俱荣，一损俱损。"

市场的混乱状态让段永平下决心构建一个高效的营销网络，经过思考和分析，他决定取消全国总经销制，转而实行省级代理总经销制。在全国各省设有经销商，省级代理可以直接在各个城市扶持自己的经销商，各市县的客户去省级经销商那里提货，价格都是统一的。就这样，小霸王顺利在全国各地建立起了经销网络。段永平将这种营销方式称作"全国一盘棋"。

回忆那段时间的创业经历时，段永平坦言："确实很辛苦，一天工作十几个小时，正因为一开始那么辛苦，后来就想到必须形成一个系统，所以我们才形成了代理制，有自己整个管理体系、价格体系，后来我可以不用自己去一线处理经销问题。"

经过一系列的运作，小霸王游戏机在国内市场成为爆款。于是，段永平将目光投向国际市场。他认为小霸王游戏机凭借强大的性价比一定可以开拓国外市场。根据当时的国际环境，很多企业将拓展国际市场的第一步放到俄罗斯。小霸王也不例外，段永平那个时候就设立了外销部，很早就将生意做到了俄罗斯。小霸王游戏机成为当时外销产品中为数不多的电子产品。

小霸王游戏机大获成功，公司扭亏为盈，并成为整个行业中的佼佼者。到1992年，小霸王游戏机的销售额突破1亿元，净利润则超过800万元，段永平也因此声名大噪。有一件事情非常有趣，据说在段永平担任厂长的那段时间，母亲坚持每个月给他汇50元：一方面，她担心儿子在外面钱不够花，毕竟当时他毕业没多久，肯定需要钱；另一方面，她认为南方经济发达，开支也更大。段永平多次打电话给母亲，强调自己不缺钱，可母亲还是担心儿子钱不够花，照样每个月汇钱。段永平没有办法，便每个月给母亲汇500元，此时母亲才知道儿子真的不缺钱了。

小霸王游戏机的成功，让公司和段永平都获得了极大的关注。然而，许多人认为段永平之所以能在游戏机领域获得成功，最重要的原因是他紧跟当时的行业领袖任天堂。面对大家的质疑，段永平没有多做解释，他认为跟随任天堂的确是一个正确的方法，但是小霸王的成功绝对不是单纯地模仿，他在跟随和模仿的同时，加入了很多自己的元素。更重要的是，无论是产品质量、内容，还是营销方式，小霸王在当时都是国内同行中最好的。正如段永平所说，在那个时代，发现游戏机市场并跟随任天堂的并不是只有小霸王一家企业，但小霸王做得最出色、最成功。

事实上，小霸王公司拥有先进的生产技术、设备、检测仪器，比同行要强很多，公司还特意招聘了大批高级专业人才，在产品研发上具有强大的优势。另外，如果仔细分析，你就会发现在20世纪90年代以及21世纪初，各类企业如雨后春笋一般涌现出来，在沿海地区，这种现象更为明显。但由于管理体制落后，管理观念淡薄，很多企业一直追求经营上高速扩张的发展模式，并因此忽略了管理的“跟进”，因此很多企业存在管理滞后的问题，肆无忌惮地扩张，使得企业运作的效率非常低。小霸王之所以能够脱颖而出，正是因为经济学专业出身的段永平是一个优秀的管理者，他在生产经营和管理之间实现了一种平衡，使得小霸王在出色的管理体系下健康成长。

小霸王学习机横空出世

“你拍一，我拍一，小霸王出了学习机。你拍二，我拍二，学习游戏在一块儿。你拍三，我拍三，学习起来很简单。你拍四，我拍四，包你三天会打字。你拍五，我拍五，为了将来打基础。”

这首耳熟能详的广告歌陪伴了“80后”的成长。它曾经在中央电视台平台反复播放，成为最经典的广告歌曲之一。而这个广告正是段永平为小霸王投放的，目的是推广小霸王学习机，也正是这则广告引发了购买学习机的热潮。

1993年，中国游戏机市场虽然依旧非常火热，但慢慢趋于饱和，继续深挖的空间不大了。同时，国内市场开始出现电脑热，因为早在20世纪80年代末，一些厂家引入了第一批“学习机”（LASER-310型计算机）并很快引起各界人士的关注，许多家庭开始将目光从传统的游戏机转向功能更加丰富的电脑。在20世纪90年代，国内很多企业盯上了电脑这块肥肉，但大都失败了。原因很简单，电脑的价格动辄上万元，属于富裕家庭的配备，普通家庭根本消费不起，电脑基本上属于小众产品。

段永平认为电脑取代游戏机只是时间问题，不过他也绝对不敢冒险去做电脑，且不说市场不大，仅是技术储备就严重不足。但聪明的段永平还是嗅到了商机，既然学习机或者电脑的主要作用是学习，那么有没有可能将小霸王游戏机直接改造成一个用于学习的设备，以替代电脑呢?

这个突发奇想让段永平异常兴奋。他召集公司的研发人员进行技术探讨，最终大家商定了一个完美的方案（在当时的技术条件下），即在小霸王游戏机的基础上外接一个计算机键盘和电脑学习卡，成为一个替代电脑的学习机，只要连在电视上，就可以组成一套类似于电脑那样的学习系统。在这里，段永平其实做了一个非常聪明的设计，那就是这台学习机还可以转化成游戏机，只要插入游戏卡，就可以当成游戏机使用。在他看来，单纯的学习设备是无法长久吸引使用者（学生群体）的，只有将游戏与学习结合起来，才能真正让产品具备吸引力。

当产品的设计定型之后，他立即给技术部下达了指令，要求他们尽快生产出键盘和学习卡。为了方便国内消费者的操作，他摒弃了当时国外盛行的拼音键盘，转而联系 “五笔字型”汉字输入法的创始人王永民，花了20万元从他那儿购买了五笔字型汉字输入法的使用权。当时，汉字输入法非常火热，段永平巧妙地将这个热门产品应用到小霸王学习机上，满足了很多人练习汉字输入的需求。

第一代小霸王学习机就此诞生。在当时，它最大的优势就是价格，只需要两三百元就可以买到，普通家庭完全能够接受，所以产品一面世就受到客户的哄抢。不过，段永平知道学习机在国内市场上的影响力还比较低，很多人不了解它，更不知道小霸王也在做这个产品，有必要再次进行更大范围的营销。接下来，段永平再次拿出了广告营销这个大杀器，并直接将其搬上了中央电视台。

学习机的广告营销本身拥有一个优势，即帮助孩子更好地学习。比如小霸王游戏机也在央视打广告，产生了很大的影响，但是随着很多孩子沉迷于游戏，一些人对游戏机提出了疑问，而学习机就没有这样的担忧了，因为学习机的主要功能是帮助孩子学习，这符合家长的期待和社会的要求。

正是由于学习机的定位更侧重于学习，因此在广告中必须反映出儿童学习的一些特点。当时，一个朋友建议他使用脍炙人口的儿歌打广告。这个建议比较冒险，因为从当时的情况来看，利用儿歌打广告的几乎没有，究竟效果怎么样，谁也不清楚。段永平听了却觉得非常有道理，用儿歌打广告的越少，反而越容易引起共鸣。他立即想到了流行的《拍手歌》，并且亲自对歌曲做了改编，最终形成了这首朗朗上口的优秀广告作品。由于是在中央电视台黄金时段播出，这则广告很快风靡全国，小朋友受到广告中歌曲的影响，拉着父母去店里购买学习机。在巨大的广告效应下，小霸王学习机在当年达到2亿元的销售额，市场份额更是接近80%。

在之后的一年，国际市场上的电脑系统开始更新，小霸王学习机也不断更新，确保可以在技术上领先市场。它从原有的SB-218型进化到SB-286型，很快又推出了SB-486的型号，功能更加丰富和强大，比如SB-486增加了五笔字型打字游戏、三级字库、词组联想、BASIC，并且特别配上了打印机接口。借着第一代学习机的热度，小霸王继续在中央电视台打广告，并在原有广告词的基础上增加了“你拍六，我拍六，小霸王出了486。你拍七，我拍七，新一代的学习机。你拍八，我拍八，电脑入门顶呱呱。你拍九，我拍九，21世纪在招手”。

为了进一步扩大影响力，段永平花重金邀请当红巨星成龙担任代言人。成龙拍戏受伤，段永平多次派人上门邀请他拍广告，成龙觉得自己不适合以“拳脚功夫”上镜，小霸王内部也有人质疑成龙的功夫形象与学习机不相符，但是段永平力排众议，重金邀请成龙，最终广告大获成功。尤其是成龙极具感染力的微笑，令人印象深刻，而那一句“同是天下父母心，望子成龙小霸王”更是成为经典广告词，不知打动了多少中国父母。

不得不说，段永平是一个天才的营销专家，能够准确抓住消费者的心理。从《拍手歌》的制作到邀请成龙这位令中国人感到骄傲的明星代言，无不彰显了他独特的营销理念：任何事情要做就要做精做细，并争取打造名牌。这一年，小霸王的营收达到4亿元，公司进入鼎盛期。

1994年，某调查部门做了一份问卷调查，询问中国人最熟悉、最喜欢的电脑品牌是哪个，相比于电脑品牌IBM（国际商业机器公司）和联想，小霸王成了多数人的选择。事实上，小霸王学习机并不是电脑，而是游戏机的改版，但是这从另一个侧面证明了小霸王在消费者心目中的地位，以至于有不少人认为段永平应该进军PC（个人计算机）领域。

1995年，小霸王的业务量越来越大。为了提升内部的办公效率，也为了提高企业的形象，公司斥资盖起一栋10层高的大楼，大楼上的红色拳击手套标志非常耀眼，这栋大楼也成了小霸王内部的地标性建筑。也正是在这一年，小霸王学习机的品牌估值达5亿元，小霸王的营收额则达到8亿。

在那个年代，营收额突破8亿元是非常了不起的，何况创造这一业绩的还是一家在短短几年里扭亏为盈的企业。就整个行业来说，小霸王几乎是一枝独秀，没有一家企业能够与它媲美。此外，就中山市怡华集团内部的企业而言，那一年集团旗下的其他十几个子公司总的营业额加起来不到4亿元，可以说，小霸王以一己之力撑起了中山市怡华集团，是一只下金蛋的鸡。

小霸王的快速发展，让中山市怡华集团在当地更加出名。段永平本人也先后被评为“广东省十大杰出青年企业家”“全国优秀青年企业家”。

从小霸王游戏机到小霸王学习机，段永平展示出一名优秀企业家和管理者的水平。他对于产业发展趋势的判断，对于市场需求的把握，对于消费心理的认知，都非同一般，对商机的把握也比同时代的许多企业家更出色。

小霸王已经做得非常出色了，但是段永平有着更高的追求。他认为小霸王不仅要推出市场上的爆款产品，还要想办法提升研发能力，争取研制出更好的产品，甚至打造一个全球知名的品牌。

小霸王的高速发展带来了巨大的收益，同时也埋下了隐患，原因很简单，段永平是一个喜欢把钱分给员工的好领导。在他看来，只有让员工获得更多的奖励，才能够激发他们更高的工作热情，工作效率才会更上一层楼。当时，整个集团有很多流言，说什么段永平的办公室里摞着一大堆用报纸包着的现金，这些钱是用来当奖金发放的。那时，小霸王的员工已经从100多人增长到3000多人，发放奖金无疑是一大笔开支，中山市怡华集团的高层未必没有受到谣言的影响。当段永平希望进一步提升激励标准时，他与高层的矛盾就变得越来越突出。

股份制改革之殇

一名优秀的管理者和企业家，一定懂得如何维护员工的利益，一定懂得如何激发员工的工作热情，段永平就是这样一个人。在经营小霸王期间，中山市怡华集团其他子公司的员工都非常羡慕小霸王的员工，因为一到年底，很多公司要么是发一点水果，要么就什么也不发，而小霸王每年的现金分红非常诱人。为了推动内部的产品研发和生产，段永平从一开始就将资源倾斜到产品研发部门，因此这一部门的工资始终是最高的。比如，当时小霸王公司有4位技术骨干，分别是廖志平、黄一禾、赵强、邹文高，4人有着“四大天王”的称号，在公司内备受重用，他们的工资是公司员工里最高的，而且上不封顶。据说为了奖励他们，段永平每年给他们每个人颁发的奖金达10万元人民币，在20世纪90年代初期，这样的奖金非常惊人，与那个时代大多数拿着几百元一个月工资的人相比，4人被称为“打工皇帝”也不为过，毕竟这笔钱在当时的深圳可以买一套房子，很多公司的领导也未必有这么高的工资，这就成了中山市怡华集团内部矛盾的焦点之一。

关于内部的利益分配，一直是高层非常重视的。以往，日华电子电器设备厂处于亏损状态，集团公司没有贴钱就算不错了，自然不会过问其内部是如何进行收益分配的。可是，随着小霸王品牌的诞生和壮大，公司营业额和利润年年翻番，成为集团公司最大的收益来源。这个时候，高层并不希望到手的利润被大量分配给员工，毕竟公司已经支付给员工工资了，所以他们对段永平的做法颇有微词。或许他们认为，员工多拿一笔钱，自己就必定少拿一笔钱。他们没有想过一点，这其实是双赢的合作型分配，员工拿得多，也会相应地创造更多的价值，集团公司也能获得更高的收益。

或许，很多企业管理者缺乏这样的管理思维，而集团高层思维的局限性，严重影响了段永平的布局和规划，他感觉自己受到的掣肘越来越多。1995年，小霸王公司已经是国内知名企业，可是段永平并不满足于此。他希望将其打造成日本松下那样的大企业，希望可以拥有更大的产业规模，公司的产能达到了巅峰，但并非不能突破，只要继续招揽人才，并在管理体制上进行大胆改革，就可以释发更多的活力。

谈到体制的时候，段永平觉得非常无奈。他曾经在访谈中这样说：“当时，我们光是注册的时候，就改了好几回，先是国营，后是集体，然后又变成了国营集体。有朋友笑我，你段永平怎么在一个性质都不知道的企业里干了6年多！刚开始我觉得无所谓，有钱赚就行了，但当企业做到一定程度时，我就觉得受到了很多钳制。我想把‘小霸王’发展成为中国的松下，股份制是必需的，它是目前比较合理的体制，西方实行了很多年，已经发展成了一种很成熟的企业文明，它解决了所有权和经营权的问题，同时也搞定了激励机制和约束机制。”

1995年，段永平认为年底给员工们发奖金的形式已经落伍了，他有一个更大胆的想法：在公司内部推行股份制改革，将公司的股份分给员工。

其实，早在1994年，段永平就向集团高层提出实行股份制的激励制度。他提交了一份报告，并且强调只有实施股份制，奖励那些有重大贡献的员工，企业才会长久保持发展的活力。段永平始终认为，一家企业发展到一定程度时，必须明确企业员工的奖励机制，必须明确股东的回报机制。但是当时小霸王始终处于不清不楚的状态，整个企业始终停留在作坊式的经营管理层面。这样的企业很难有长久发展的态势，因为谁也不知道5年以后、10年以后，员工究竟会得到怎样的回报。当员工对这一切都不了解的时候，肯定会缺乏安全感，会产生信任危机和倦怠感，企业发展必定遭遇很大的阻力和压力。

集团总经理陈健仁非常重视这个建议，但是他没有最终决定权，只能将方案送市政府研究。在那个股份制尚未流行的年代，市政府领导不敢批准，一年之后（1995年），这一方案被打了回来，集团高层直接否决了这一方案。事实上，即便是市政府同意了这个改革方案，集团高层大概率也会阻止股份制的通过和实施。

从某种意义上来说，小霸王的发展已经导致中山市怡华集团内部的失衡，包括发展失衡和心态失衡，毕竟小霸王的营收规模远远超过集团内部的其他子公司，这对于其他子公司的负责人而言是一种巨大的压力。同时，公司高层也担心段永平“功高震主”，更担忧段永平通过一系列的操作，将小霸王据为己有。一位不愿意透露姓名的高管在谈到这个问题时，非常露骨地表示了不满：“企业经营得好，并不意味着可以拥有这个企业，这是许多南下打工者的一个误区。”

股份制计划的破产让段永平感到失望，与此同时，集团总部又给小霸王的胸口上插了一刀：总部打算抽走部分利润去投资其他企业。在那之前，段永平与集团高层达成了一个基本协议：把小霸王纯利润的80%调走，剩余的20%可以自用，段永平则尽可能地将20%的盈利作为工资和奖金开销。可是在见到小霸王的发展规模越来越大，营收额几乎每年都在翻倍后，集团总部开始反悔，认为20%的利润留存过高了，因此单方面毁约，将比例降至15%，这样的做法让段永平心灰意冷。志在将小霸王打造成一个更大品牌的段永平，很快意识到自己已无法带领小霸王走得更远了。

其实，按照集团高层的想法，他们觉得只要继续维持现状，小霸王依然是市场上的霸主，集团每年依然可以获得几个亿的营收。但在段永平看来，小霸王的发展已经封了顶，不可能更进一步发展了，而想要维持现状也并不容易，因为对手们不可能一直原地踏步，当其他竞争者的技术不断得到提升，管理体制不断得到优化时，小霸王不仅不能走出国门，就连保住国内市场份额的能力也会丧失。

1995年8月28日，段永平提出辞职。集团高层当然意识到了段永平身上的价值，然而他们认为段永平虽然为集团创造了巨大的收益，但本身也是依靠公司提供的平台发展起来的。公司给了他优渥的待遇和股份，足以让他成为一个千万富翁，没有对不起他。这或许是实话，但他们错误地理解了段永平的想法。事实上，与个人获得不菲的收益相比，段永平更需要的是一个证明和实现自我价值的平台，他需要一个能继续释放能量的机会，这也是他愿意为员工争取利益的原因所在。

如果对段永平这几年的发展轨迹进行分析，人们就会发现，与其他只想着找一份工作、多挣点钱的毕业生相比，段永平有着更远大的志向。如果仅仅是为了钱，为了一份高收益的工作，他当初就不会离开北京了。借用马斯洛需求层次理论来说，段永平是将实现自我作为他人生的重要目标，只不过集团高层没有意识到这一点。段永平的离开是必然的，一个保守的集团企业是无法留住一个具有世界级战略目光和发展愿景的优秀企业家的。

据说当公司高层收到辞职信时，一位部长当场大哭，他意识到公司即将失去一个支柱，一些主管也隐约感到小霸王和中山市怡华集团大厦将倾。因为大家都知道，这些年如果没有段永平，集团或许是中山市扶持的大企业，但绝对不会是全国知名的企业。小霸王更是如此，一旦失去了段永平，还有谁能够接管这样一家大公司呢？

消息很快传开，小霸王内部一片压抑，但也有一些高层认为中山市怡华集团在当地有地位有名气，完全可以高薪聘请到其他优秀的管理者。他们甚至扬言：“只要给出与给段永平一样的高薪，应聘的人可以从中山市排到广州市。”当时，就连惜才爱才的陈健仁也认为段永平并非不可替代。他既然可以挖掘出一个段永平，就一定可以挖掘出第二个段永平。

陈健仁也是一位出色的管理者，小霸王崛起之前，集团的支柱产业是京华酒店。据说这家酒店刚成立时，位于一片稻田旁边，地理位置很偏僻，基本上没有客人。很多员工灰心丧气，但陈健仁却给酒店员工提出了一个古怪的要求：不管有没有客人，一到傍晚就把所有客房的灯全部打开。大家都觉得非常疑惑，认为这是浪费，但是陈健仁有自己的想法：如果人们每次都见到酒店乌漆麻黑的，一定会认为它生意惨淡；当客人远远见到酒店亮着灯，就会觉得酒店生意火爆，加深了想要入住酒店的想法。此外，当客人进入酒店时，看到客房里亮着灯就会有宾至如归的感觉。事实上，正因为陈健仁的坚持，京华酒店很快就吸引了大量的客人，中山市怡华集团也借此快速发展起来。可以说，在怡华集团的崛起和发展过程中，陈健仁功不可没。

此外，陈健仁本身是一名具有改革气魄和包容度量的管理者，非常擅长挖掘人才，在用人方面也很有见地。

话虽如此，陈健仁和集团公司还是非常认同段永平这几年的贡献的。本着好聚好散的原则，陈健仁亲自组织了一次大型欢送会，公司还送了段永平一辆奔驰车作为奖励。当天晚上，小霸王的员工都哭了，这些年，员工们跟着段永平不仅挣到了钱，还获得了展示自我的机会，证明了自己的能力和价值，他们对段永平既佩服又感恩，一个个强忍着泪水和段永平碰杯。看着与自己同甘共苦多年的员工和下属，很少喝酒的段永平在欢送会上喝得大醉。

其实，集团公司并不希望段永平走，而段永平自己也不是非走不可。这些年他在这里功成名就，打造出如此出色的一个平台，未来完全可以有一番更大的作为，但是因为股份制和利益分配的问题没能谈拢，段永平希望在小霸王实施的那些大计划已经受到严重的制约，他无法进一步发挥自己的能力，离开成了最无奈、也是最好的选择。

第三章

风云再起，步步高集团下金蛋

很多人以为，优秀的人往往需要一个优秀的平台来证明自己的能力，一旦离开了那个平台，个人能力和机会就会大打折扣。但事实上，真正优秀的人，即便换一个平台，照样可以做得很出色，因为他们本身就具备打造一个优秀平台的能力。段永平就是这样的人，离开小霸王的时候，他只是失去了一个好的平台，并没有失去个人能力、失去立足的根本。当所有人都在为段永平离开小霸王而感到惋惜时，他转身就创办了步步高，并依靠步步高这个品牌让自己迈上了新的台阶。

君子之约，从小霸王到步步高

在一个健全的管理机制内，管理者应该积极推动个人能力的发挥，并确保那些有能力的人可以获得更多的尊重。不过如果员工的个人能力强大到可以左右一家公司的发展，内部矛盾就很容易爆发出来。段永平的离职就说明了这点。类似的情况有很多，比如牛根生（蒙牛创始人）和伊利的分手，艾柯卡（凯迪拉克的掌门人）与福特的不欢而散。

与其他离职者和老东家“开撕”不同的是，段永平和中山市怡华集团高层保持着好聚好散的态度。双方谈得非常好，没有产生什么矛盾，当时如果段永平愿意继续留下来，集团还是会花重金挽留他的，而且陈健仁一直非常看好段永平，也愿意帮助他打造更好的发展平台，只是段永平意识到自己无法继续发挥更大的价值了。

很多人替段永平惋惜，在离开之前，陈健仁特意找段永平谈话。

他非常了解段永平的为人，觉得他将来应该还会创业，毕竟段永平当时只有30多岁，不可能提前退休。陈健仁觉得段永平如果想创业就一定需要人手，就问他想不想带着人走，毕竟创业需要帮手。本着感恩的心态，他同意段永平带走6个人。段永平对此很感激，开口要了3个负责生产的骨干，3个负责开发的研发人员，小霸王研发部的“四大天王”，他一下子要走了3个。段永平当然知道集团公司担心什么，直接与集团约定了一份口头协议：一年内不与小霸王在同行业竞争。

在段永平离开之后，陈健仁就把占洪水调回了小霸王。在当时这是一个肥差，因为小霸王是整个集团最器重的资产，也是发展得最好的公司，堪称集团的生命线。由于在1995年8月离职之前，段永平已经对一整年的发展做了部署，只要按照段永平的规划去做，那么当年的营收额突破8亿元是板上钉钉的事情，换成其他普通的管理者，只要不犯大错，也可以做到这一点。因此占洪水上任之后，1995年底的营收额在惯性发展的基础上取得了8亿元的好成绩，这让整个集团欢欣鼓舞，集团高层认为占洪水完全可以取代段永平。

占洪水一时之间受到了热捧，他决心给小霸王打上自己的个人印记。在当时的环境下，集团高层应该是默许他这样做的，很多优秀的老员工慢慢被边缘化。不久，这些老员工纷纷产生了离职的念头，开始想办法回到段永平身边。

小霸王的人事部部长对这些老员工的生计颇为担忧，所以亲自打电话给段永平，希望段永平能够收留这批人。另外，由于老员工们没有心思工作，想着离职，这让集团高层担心了。他们多次派人到小霸王进行安抚，希望这些人留下来。可是老员工却满怀怨气，说：“船长不在船上了，水手们不知道船会开到哪里去，所以要求下船。”小霸王的生产部部长、供应部部长、外销部部长、内销部部长、后勤部部长、工程部部长、仓储部部长、计调部部长、计科部部长选择了离开。

从这次众多骨干的离职事件中，就可以看出段永平的影响。他是小霸王的魂，魂散了，整个公司也就失去了生命力。占洪水作为一个被匆匆任命的外来人，根本不了解这些，也不知道小霸王究竟是依靠什么发展的。正因如此，1996年，小霸王的营收额开始下降，1997年则快速下滑，之后，集团公司开始频繁地更换小霸王的厂长，但仍然止不住下滑的颓势，至此，昔日全国知名的小霸王一去不返了。

在1995年离职之后，段永平也没有料到会出现这样的情况，他只想做点自己喜欢的事，但是具体做什么却毫无头绪，可是随着跟随自己的人越来越多，他感到肩上的担子越来越重，必须要为这么多信任自己的人负责。为了不让这些人闲着没事干，他决定成立一家公司，他们既然选择跟随自己，那么就不能辜负了大家的期待，否则那么多人的生计会成为大问题。

1995年9月18日，段永平带着团队来到东莞长安镇，成立了一家名为“力高”的公司，但是大家觉得这个名字不太好，于是出资上万元向社会征集品牌名称。当时非常流行洋名字，段永平却拒绝洋名字。他认为这是中国人的公司和品牌，就不能取一个外国名字。最终，在一万多封回信中，段永平看中了“步步高”这个名字。段永平或许是希望新的公司可以步步高升，不断进步，而不是像小霸王一样，在发展过程中处处受遏制。之所以选择东莞，是因为东莞的产业相对发达，政府对企业的扶持力度也很大，相关的配套比一些城市更好。此外，这里地理位置不错，交通比较发达。

不过在那个时候，新工厂处在开发区的一块荒地上，一无所有，与小霸王大厦形成了鲜明的对比。公司成立时，只有7个人，但是一个月之后，由于小霸王的很多老员工纷纷“投奔”段永平，步步高一下子就增加到40人。为了守住当初的约定，步步高没有做与小霸王同类型的电子产品，而是选择了做游戏机外销业务。段永平带领团队将国内生产的游戏机卖到俄罗斯，早在经营小霸王期间，他就拓展了俄罗斯市场，有一定的经验。然而，步步高只是一家外销游戏机的公司，没有知名度，在俄罗斯不可能获得关注。何况当年大部分的中国产品想要进入俄罗斯都非常困难，除非去掉“中国制造”的标签。段永平没有这样做，他本身就致力于打造中国的品牌，因此绝对不同意贴其他国家的牌子。正是因为如此，步步高在俄罗斯市场步履维艰，还遭遇了客户的恶意毁约，几个月的努力付之一炬，企业一度陷入资金周转困难的境地。

俄罗斯市场的惨败让段永平遭遇重创，但大家仍旧对未来充满信心。不久，段永平看中了市场上非常火爆的电子宠物。这种巴掌大小的电子产品里可以养一只虚拟的宠物鸡，和现实生活中一样，玩家要给宠物鸡喂食、护理宠物鸡，从而将宠物养大。段永平敏锐地意识到这款产品会受到市场的欢迎，于是果断铺开生产线，全力生产电子宠物。正当这项业务如火如荼开展的时候，负责人向段永平报告了两个比较严重的问题：一是产品的质量问题较多，很多客户打电话投诉，段永平果断要求公司负责人将所有的产品收回来，绝不让客户蒙受损失；二是公司里生产的电子宠物会莫名其妙地减少，数量还不少。很明显，工人下班之后，将产品放进兜里带回家了，有的甚至悄悄拿出去卖。在有些国家，这种情况也很普遍，所以那里的工厂会要求负责人在下班后对员工进行搜身，防止有人将产品偷偷带出去。段永平想了想，觉得搜身的方法对员工非常不尊重，会严重影响内部的和谐与信任，于是他便下令生产线停止生产电子宠物。放弃这项业务，很多人觉得可惜，因为电子宠物的利润空间非常大，而且市场反响不错，也许会成为推动步步高崛起的一项业务，但段永平却觉得留住员工的心和尊严才是最重要的，才是实现长久发展的基础。而且，他隐约觉得电子宠物的更新换代速度太快，这对步步高这样的小企业来说是一个很大的挑战，很容易被市场淘汰，所以还不如提前放弃，最终他一次性亏掉了1,800万元。

接二连三的打击，让段永平身上的压力越来越大，但他仍旧选择坚守，而且还非常坚定地说道："我曾经说过：'企业成功了，是大家的功劳，企业失败了，则肯定是我的不对。'做一个真正的企业家不容易啊。企业家搞不好企业真的是要跳楼的。看过《泰坦尼克号》吗？有个镜头让我感动，船要沉没的时候，船长坚决不离开，他要与船共存亡。

那位船长让我落泪。如果把一个企业比作一艘船，那位船长就是一位真正的企业家。”

这个时候，他意识到自己必须转变思维，寻找新的项目。在思考未来发展的方向和道路时，他给步步高指出了两项基本原则：第一，必须有自己的产品、品牌和技术，类似于代理和组装的生意不能做。只有打造自己的品牌和产品，才能真正在市场上站稳脚跟，并且获得长期发展的充足动力；第二，想办法进入成熟的市场，把握技术发展潮流和市场需求，然后利用技术优势拓展发展空间。

事实上，段永平有一些不错的发展规划，但是由于与陈健仁有君子协议，自己不可能一到东莞就拆小霸王的台，成为小霸王最直接的竞争对手，他只能想办法另寻其他门路。此时，他发现了商机，有几个产品引起他的关注：学生电脑、复读机、电话机以及VCD。也正是这些产品为步步高日后的发展奠定了基础。

告别家族企业，股份制上位

很多人说，改革开放40多年，最重要的有两项改革：一项是农村家庭联产承包责任制；另一项就是企业股份制改革。

有关股份制改革的探讨很早就存在，相关部门曾做了调研分析，一些学者也曾研究和分析过股份制改革的问题。1988年，深圳特区率先进行尝试，选了5家企业进行股份制改革，作为股票上市的试点，但是由于中国是从计划经济向市场经济过渡的，多数企业和管理者经验不足，只能慢慢进行转变和改革。参与股份制改革的企业最初实行双轨制，即将企业中的资产折成股份，但不上市，而是将其余增加发行的股票上市流通。这种双轨制转化机制不明显，此后便从原来的双轨变成了单轨，在流通股与非流通股之间进行利益平衡，补偿原有的流通股。

1992年10月，党的十四大以后，股份制改革开始积极试点，这一年有近400家股份制试点企业获得批准，还有9家企业获得国务院批准，改组为股份制公司。1997年，党的十五大报告明确提出，建立现代企业制度是国有企业改革的方向，同时明确股份制是现代企业的一种资本组织形式。

此时，段永平意识到产权改革在未来几年将会全面铺开。如果说他之前在小霸王实施股份制改革的时机不成熟，那么随着党的十五大的召开，段永平等到了自己的机会，而且这一次，他可以切切实实地进行改革。

在成立步步高集团公司之后，段永平意识到股份制改革迫在眉睫，于是大胆改革。按照股份制的要求，中层管理者可以直接入股，代理商可以直接入股，基层员工也有机会直接入股。段永平是最大的股东，占了约70%的股份，著名的电脑厂商宏碁占股19%，其他的是员工持股。随着公司的发展，段永平不断稀释自己的股份，将自己的持股比例从70%慢慢降至17%，后来更是降至10%，其余的全部分给员工。

在谈到自己的角色定位时，段永平认为股份制下的自己不会像过去那样当一个全职老板，“我算是步步高的一个股东吧。至于是不是老板，我觉得自己最合适的称呼是职业经理人。我是这个企业的管理者，在一些大的决策上我也会受到董事会的牵制，当然具体的事务我可以说了算，要不然工作就没法做了。这其实是比较符合现代企业发展基本规律的。松下幸之助晚年离开松下时，他的股份只占整个松下公司的2.83%。”

段永平减少自己的股份，为的就是确保更多的员工可以持股。据说在最初实行股份制的时候，由于员工没有钱购买股份，有专家建议段永平实行期权制度，但是被段永平否了。“如果不是上市企业，期权没有用，就算是上市企业，如果不是一个成长性非常高的企业，期权也没有用。”最终，段永平决定稀释自己的股权送给员工，但是绝对不能白送，因此他采用了借钱的方式，员工从自己这里借钱买股份，但是不用还钱，只需要日后用股份的利润或者股份增长的股息来还。段永平做了明确的规定：每年的利润有多少是需要分给员工的，有多少股份是要稀释给员工的。类似的股份分配模式在当时并不多见，另外一家知名的全员持股企业就是华为。

采用了股份制之后，员工有了股份，自身的利益与公司利益捆绑在了一起，这个时候，他们就会转变思维，意识到是在替自己打工，工作所创造的价值中有很大一部分会直接转化成为自己的收益，这样一来，员工的积极性自然就会更高。这是一种更高明的激励方式，它体现了企业家的大局观和发展观。

在那个年代，段永平是少数几个具备前瞻性思维的企业家，也是一个真正懂得将管理上升到人才管理、人性化管理高度的企业家。曾有人问段永平这样做会不会使自己的收益被员工“侵占”，段永平却认为一家优秀的企业不是企业家个人的，而是全体成员共同所有的。只有全员的利益得到保障，只有全员的收益得到增长，企业家的收益才能得到实质性的增加。

从管理的角度来说，企业管理就是对人的管理，经营企业的关键就是经营人才。如何进行人才管理呢？一方面就是让人才出现在最合适的岗位上，从而发挥每一个人的优势，确保个人价值最大化；另一方面就是奖励，通过工资、奖金、职位晋升来激发员工的工作积极性，而分发股份则可以确保员工利益的最大化。段永平对股份制的坚持，不仅体现了他在管理上的前瞻性，也体现了他“以人为本”的经营管理理念。

小霸王公司在段永平离开后的两年内迅速陨落，据说中山市怡华集团公司的高层非常后悔当初没有听取段永平股份制改革的建议，更后悔草率地放走了段永平这样的优秀人才。试想一下，如果中山市怡华集团当时听从段永平的建议，采用股份制，那么小霸王公司就可能在段永平的带领下继续高歌猛进，也许它会成为一家中国500强，甚至是世界500强的公司。然而，现实没有那么多的假设，小霸王公司渐渐成为一盘散沙，日渐衰落。2000年，国务院办公厅转发文化部等部门关于开展电子游戏经营场所专项治理意见的通知，在转发的《关于开展电子游戏经营场所专项治理意见》中，谈到了游戏经营场所的治理问题：为了防止青少年沉迷游戏，停止一切关于游戏机的生产、销售、经营活动。文件颁发之后，小霸王公司的游戏机业务再次遭受打击，中山市怡华集团（此时改名为益华集团）只能选择通过商标授权和商号许可的方式与第三方合作开展各类产品的生产经营活动。这个时候，市场上一下子“冒”出了数十家以“小霸王”为商号的公司，小霸王公司一下子就涉及教育产品、游戏产品、影音器材、家用电器等数十类产品，但是影响力却与巅峰期相去甚远，市场几乎将其遗忘了。

反观步步高，因为股份制的实施，彻底释放了企业发展潜力，发展得越来越好。虽然一开始遭遇了各种挫折，可是当企业找到了明确的发展方向之后，整个团队很快凝聚成一股合力，短短几年时间就崛起了，从一无所有变成了行业内最重要的力量之一。有一组数据很能说明问题：步步高创业初期，整个公司只有7个人，至2000年，步步高的员工已经过万。这说明公司的业务范围广泛，而且生意很好，公司收获了大量的订单，需要更多的员工；同时还表明公司的吸引力很强，员工愿意留在公司。股份制的实施让员工的积极性、团队的凝聚力、企业管理的效率，上升到了一个很高的层次，步步高的高速发展自然成了一种必然。

无绳电话机的崛起

今天，几乎人人手持一部或者多部智能手机，智能手机已成为当下最不可或缺的工具。它不仅具备了通话功能、发送信息的功能，还具备了拍照、上网和游戏的功能，可以说做到了手机、游戏机、照相机与电脑的结合。智能手机使用起来非常方便，可以随身携带，能够带来很好的体验，早已渗透到人们生活的方方面面。

1876年，美国发明家贝尔发明了电话：用两根导线连接送话器和受话器，送话器和受话器的结构完全相同，而且在电磁铁上装有振动膜片，因此成功实现了两端通话。之后，随着电话机技术的不断改进，到20世纪60年代，双音频按键电话机开始出现并迅速普及，电子电话机电路开始集成化，多功能电话机应运而生。到20世纪90年代，拨号、通话、振铃三种功能集中在电话机上。随着话音识别技术的发展，话音拨号的电话机开始出现。

中国使用电话机的年代比较早，李鸿章创办的轮船招商局早在1877年就引进了一台单线双向磁石通话机，拉起了一条从上海外滩到十六铺码头、总长一千米的电话线。1882年，上海又增加了25台电话，还出现了第一家经营性的电话交换所。约1900年后，电话机先后在天津和北京等地流行开来。

1949年，中国电话普及率为0.05%，1978年仅为0.38%，占世界总人口20%的中国所拥有的电话机数量还不到世界总数的1%。改革开放以后，中国的电话机业务迅速发展。1982年，北京出现了投币式电话亭，这一年，中国引入程控交换机，并正式进入程控电话时代。20世纪80年代和90年代，固定电话迅速发展。由于改革开放初显成效，中国经济进入高速发展时期，这个时候农村也开始普及电话。正是因为看到了这样的商机，尽管当时生产电话机的企业有很多，段永平还是义无反顾地杀入市场。

1996年3月，步步高取得了邮电部第一个有绳电话机的入网许可证，这意味着步步高正式进军电话机领域。但对于段永平来说，有绳电话机只是一个过渡性产品，他已经做好了打造无绳电话机的准备。

段永平在浙江大学上学期间，第一次接触了电话，却没有用过。有一次，他准备打电话给杭州的舅舅，就找到了一个有电话的地方拨号，当他对照着舅舅的电话号码拨号时就傻眼了，因为这台所谓的电话根本没有拨号的数字，自己根本不知道该从什么地方入手，倒腾了半天也弄不明白，他只能涨红着脸请旁边的人帮忙。对方热情地拿起话筒，轻轻地说道："总机，要外线。"段永平这才意识到打电话需要先联系总机，让其帮忙接线。

这一次的经历让他第一次认识了电话，或许也让他产生了一些思考："为什么打电话非要先联系总机呢？为什么不可以直接联系对方本人的电话呢？为什么电话都有一根长长的线呢？"没人能说清楚段永平当时想了些什么，只不过多年以后，段永平真真切切地做出了一款人们期待中的电话：无线电话。

其实，无绳电话机最早是1993年由西门子公司研发成功的，为的就是方便电话机的移动。毕竟原来的电子电话机需要借助一根双芯电话线连到电话局，而电话机的座机则要用一根四芯电缆连到装有话筒耳机的手柄上。电话机基本被固定在某一个位置上，打电话和接电话的人都需要守在电话机旁，一旦离开电话机，随意通话就成了难题。西门子公司的研发人员发现装有话筒耳机的手柄与座机之间完全可以通过无线电波来建立连接，他们根据这个原理打造了一部无绳电话机。

20世纪90年代末，国内的移动（无绳）电话机开始兴起。1999—2009年，中国经历了1G、2G、3G时代，步步高的无绳电话机也在这段时间内不断发展。中国的研发人员了解了无绳电话机的运作原理之后，依靠之前电子电话机的技术积累，迅速改造出属于自己的无绳电话机。为了方便用户的使用，步步高在推出无绳电话机的同时，还推出了子母机的配置，这样就可以确保电话安装在不同的地方。

1996年，步步高推出了“小男人”系列广告。在广告中，一部有着来电显示的无绳电话机响起，一个戴眼镜的小眼睛男人拿起电话，问道：“喂，小丽呀？”这句简单得不能再简单的广告词，几乎瞬间传遍了全国。整个广告充满了香港影视剧“无厘头”式的幽默，诙谐的风格和滑稽的情节设定让人印象深刻，广告中的人物也是普通人，并不是明星。这个系列的广告无论是广告场景的设定、故事的设计，还是人物的安排，都明显和当时流行的“自我展示和夸耀”风格不同，步步高在这则广告中并没有刻意凸显无绳电话机的优势，而是将其场景化了。这个广告很快就流行开来，步步高也因此获得了大众的关注。

经过两年的耕耘，1998年，步步高开展的第一项业务——电话机，夺得了国内市场第一名的位置。随着步步高无绳电话机的发展，其业务渐渐与国内另一家大公司TCL产生了冲突。当时，步步高无绳电话机推出了一则广告，着力强调：方便，认为无绳电话机解决了电话线限制的问题。而TCL的广告则针锋相对，突出无绳电话机的通话声音要清晰，否则即使方便也没有用。面对这种挑战，段永平没有当回事。他认为电话的基本功能是清晰，任何电话在推向市场时肯定会强调这一点，不清晰的电话就不叫电话了。而无绳电话机应该解决的重点就是方便，这一点也是它区别于有绳电话机的要点。段永平为此还特意打电话给TCL当时的老总李东生，双方解除了误会。

这一段小插曲并没有影响无绳电话机的发展，步步高继续前进，这种发展势头和自信使得步步高公司在通信领域形成了巨大的优势。比如步步高的有绳电话机、无绳电话机为其后来的手机研发奠定了技术基础并积累了经验；电话机的销售渠道和品牌影响力则为步步高手机业务的发展提供了强大的助力。可以说，步步高手机业务的发展很大一部分都是建立在电话机发展的基础上的。

广告“标王”

如今，很多大企业和大品牌选择借助中央电视台这个平台打广告，一些实力雄厚的企业会选择在黄金时段投放广告，比如在《新闻联播》前后，或者在一些重要的电视节目中间插播广告。这些广告既为企业带来了极佳的宣传效果，也给中央电视台带来了很高的收入。不过中央电视台在成长为一个超级平台之前，并没有如此大的吸引力，在1994年之前，中央电视台年度广告营收不足10亿元，之后中央电视台广告部负责人将中央电视台的黄金时段拿出来进行全国范围内的招标，中标的企业被称为“标王”。

这样的操作很快就激活了央视平台的引流效应，其创造财富和制造流量的能力被彻底激发了出来，天价广告费开始出现。1994年11月，孔府宴酒以3,079万元的天价竞拍成功，成为1995年的央视“标王”。这个消息很快被全国各地的媒体热炒。

“标王”的营销噱头带来了很高的附加值，这让段永平蠢蠢欲动，本来就善于营销的他决定将步步高搬上央视的黄金时段。1996年11月8日，段永平决定让步步高参加中央电视台1997年黄金时段的广告竞标活动，准备拍下《天气预报》中的5秒广告。当时，步步高给出的价格是81,234,567.89元。步步高内部有很多人表示反对，对于很多企业来说，拿出几百万元打广告已经非常多了，而段永平大手一挥就要花费了8,000多万元，何况8,000多万元几乎是公司账目上仅有的钱了（当时整个步步高的身家才1亿元）。段永平却很坚决，他认为老百姓有看《天气预报》的习惯，此时植入广告，品牌能够被更多的人看见和认识。之前的广告营销经验让他变得非常有信心，所以他对自己想要成为标王的事做出了解释：“做消费产品市场，广告绝对不是万能的，但没有广告是万万不能的；要做全国性消费品市场，中央电视台不是万能的，但没有中央电视台是万万不能的。”

段永平认为在央视平台投放广告的效应是最好的（让人觉得很有档次），而且对于一家志在占领全国市场的企业来说，其整体的开支也是最划算的。为此，他这样解释道：“如果要做全国消费品市场的话，不将广告投向中央电视台，这个目标肯定很难实现。如果分摊到单位成本，中央电视台其实是一家最便宜的媒体。虽说它的绝对价格比较高，但是它的覆盖面最大，收视率最高，所以值。要在全国的市场达到同样的效果，中央电视台应该是最好的。我们曾经大致计算过，如果进行全国性的广告投放，在到达率一定的情况下要达到一样的效果，与在全国省市电视台投放相比较，在中央台投放的费用是在地方台投放费用的二分之一到三分之一。”宝洁公司当时在中国市场的广告投入高达十几个亿，他们选择的平台有中央台，也有地方台，步步高没有宝洁公司这样的实力，最好的方式就是瞄准央视这个最大的宣传平台。

还有一点非常重要，当时步步高的发展并不顺利，急需一种强烈的刺激，而投标就是一个非常好的契机。段永平认为广告投放不仅仅是给消费者看的，还是给客户和员工看的，零售商、经销商以及员工都需要接收到央视广告这样的荣誉刺激。“尤其是做一个新的产品、一个新的品牌的时候，你若想推广出去，市场上必须有人卖。你的经销商全国各地都有，他们如果看不到你的广告，就不敢出你的货，不敢出你的货就不会推你的产品。而作为员工，如果看不到自己公司的广告，就会渐渐地对企业失去信心。”

事实上，通过这一次投标，段永平成功给所有的员工、经销商、代理商释放了一个强烈的信号：步步高将要启动了。

虽然，步步高最后没能中标（秦池酒业以3.2亿元拿下了黄金时段插播广告），但是段永平还在寻找下一次的机会。1997年底，段永平转向了VCD（影音光碟）行业，当时，国内VCD行业已经变成了“红海市场”，竞争非常激烈，至少有200家品牌参与竞争，没有品牌的小企业就更多了。一些外国企业虽然实力雄厚，但是觉得VCD的利润很低，产品的影响力也有限，既看不上，又舍不得抛弃，一直当鸡肋对待，这样就给了国内企业更多的机会。而在国内众多企业当中，无论是技术水平、生产能力，还是市场经验、市场潜力，段永平认为步步高绝对不比任何一家国内公司弱，只要全力以赴，就可以在国内外品牌的夹击中脱颖而出。

其实，在谈到构建企业文化的时候，段永平就谈到了鸡肋原则，或者说焦点法则。他认为步步高要避免与大公司硬碰硬，这样没有任何胜算，聪明的做法是寻找一些大公司没有兴趣加大投入的项目，在这些项目上，大公司可能觉得没有太大的利润空间，而且对整个公司的发展没有关键性帮助，但是丢弃了又觉得可惜。在这种矛盾的心理作用下，大公司无法更好地投入资源，对步步高来说，往往可以有效发挥自己的局部优势。

段永平对此很有信心，所以迅速投入资金开始研发和生产VCD。当产品研发成功之后，段永平再次想到了自己的广告营销模式。不过，段永平有一个最大的对手——胡志标的爱多。胡志标和爱多是段永平再熟悉不过的一个对手了，早在几年前，还在小霸王公司担任厂长的段永平就曾带人去胡志标创办的小工厂打假。

不过在1997年，胡志标以2.1亿元的高价成为央视的标王，要知道这一年的爱多，创造了16亿元的营收额。段永平和步步高再次失败。意气风发的胡志标表示："2.1亿，太便宜了。"爱多还特意邀请了成龙代言产品。对此，段永平心里有说不出的滋味，因为当年正是依靠成龙的代言，段永平将小霸王学习机推向了千家万户，见多识广的段永平其实有机会花更高的价格从爱多手里抢夺标王，只不过他已经敏锐地意识到爱多遇到了一些严重的问题，没有必要继续下注。

1998年，脚踏实地的段永平带领步步高再创新高，而此时的胡志标却因为管理不善导致爱多陷入资金链断裂的危机当中，根本无暇顾及竞争，步步高因此轻松以1.59亿元的价格拿下了1999年春晚零点报时的赞助商。

段永平还邀请当红武打巨星李连杰代言步步高的VCD，与成龙代言的爱多进行PK，可以说是“功夫之王”的强势对决。爱多与步步高，成龙与李连杰，这样的对攻戏码显然成了一个热门的炒作话题。而广告中所唱的那一句广告词“世间自有公道，付出总有回报；说到不如做到，要做就做最好，步步高”，让步步高再一次征服了全国的电视观众和消费者。2000年，步步高以1.26亿元的高价第二次成为“标王”。

事实上，成为“标王”只是段永平进行产品营销的一种方式，他并不是盲目地追求“标王”的头衔，而是希望借助央视平台强化品牌影响力。其实步步高一直非常用心地制作广告，如果进行深入分析，你会发现步步高的广告大都是一些故事营销和内容营销，过去那种强调性能、质量等参数的“硬广告”已经衰落，消费者更加青睐故事性更强的广告。故事可以包含更多的产品信息，而且具备情感上的冲击，可以让消费者更好地记住广告中的内容。

广告策划大师乔治·路易斯说过：“在我的内心深处，我常常说，如果做广告是一门科学，那么我就是一个女人。科学和技术显然影响并塑造着广告，但是说到底，广告是一门艺术，它来源于直觉，来源于本能，更为重要的是，来源于天赋。”段永平和步步高的营销团队就拥有这样的天赋，他们总是可以找到一种更加高效的广告营销模式。

如何吸引消费者，一直是段永平在思考的事情。作为一个营销高手，段永平借助广告的魅力来推动步步高品牌的空间传播速度，成功帮助步步高在市场上站稳了脚跟，而且建立起强大的竞争优势。事实上，在拥有好的广告内容时，央视广告标王的分量就变得更重了。

步步高的步步高升

东莞市技术监督局的一位局长在接受采访时，曾经这样说："整个珠江三角洲的人气集中在东莞，而东莞的人气会聚在长安。"由于占据了珠江入海口这个重要的地理位置，长安成了一个产业中心，而这个产业中心的一个重要支柱就是段永平的步步高。在巅峰期，步步高在整个产业中占据了80%的市场份额。

作为东莞市的明星企业，步步高的竞争力非常强大，早在国内的电话机和VCD生产是一片"红海"的时候，步步高就杀入市场，很快建立起自身的优势，成了行业第一。后来，学习机开始流行，好记星与诺亚方舟异军突起，把文曲星淘汰出局，而步步高进入市场后，又成了行业第一。步步高在这些业务上的领先优势非常明显，很多排名第二的企业营收规模还不到步步高的三分之一。

《双品牌原则》这本书中对市场有过这样的描述：在一个成熟的市场中，经过长时间竞争，一般真正能够存活下来并拥有话语权的品牌只有两个，因为这样的市场中存在一个基本规律，第一名的市场规模是第二名的三倍，第二名是第三名的三倍，第三名是第四名的三倍。按照这种规律来划分市场，一个成熟的市场基本上被前两名瓜分了，最典型的就是可乐市场上的可口可乐与百事可乐，还有就是快餐中的肯德基与麦当劳。

段永平很早就意识到，步步高如果想获得足够大的生存优势，想要在行业内建立起足够大的竞争优势和生存空间，那么就要争取成为行业第一。为了做到这一点，步步高在研发、生产、销售、服务上全面出击。

比如步步高非常重视广告营销，多年来是央视的广告大户。段永平这样说道："在我看来，广告是一项技术而不是一项艺术。我们每次投标都没有把它当作一次公关策划项目来'炒'，你看不管我投了多少钱，我从来不开新闻发布会，这只是我们的一种广告安排，一项营销策略。如果说我花了那么多钱还兴高采烈地到处宣传，那是不正常的。我从来不干头脑一发热就举牌的事。今年投标你也看见了，我们是以去年第一季度的价格来比的，一投发现便宜了，立即决定多买一些。如果广告投放上不理智，最终吃亏的还是企业。"

不仅如此，段永平还主张聘请一线明星担任步步高产品的代言人。在步步高的几则广告中，"功夫之王"李连杰代言过VCD，"喜剧之王"周星驰代言过复读机，韩国顶级明星宋慧乔代言过步步高手机。此外，步步高还邀请了施瓦辛格这样的国际巨星代言自家的产品。就连步步高VCD的主题曲《步步高》也是由林依轮、景岗山、高林生等知名歌星演唱的，作词的陈树更是演唱过《九月九的酒》这种红了一个时代的歌曲。在那个年代，依靠明星提高产品销量，成了段永平常用的手段。

许多人批评段永平好大喜功，追求面子、追求成为标王以及高价聘用明星代言，并宣称这些举措只是在浪费钱。段永平却认为将钱集中起来投放在广告上很有必要，这样做的目的是确保把钱用在刀刃上，比起很多公司在各个平台投放广告，段永平选择花重金在央视投放广告，花在明星身上，就是为了省钱，只要广告创造的收益大于投放，就证明广告投放是成功的。此外，广告没有明星代言，很有可能播放几十次才能让消费者勉强记住，但是有了明星代言，可能一两次就能令人印象深刻了。

如果说广告营销和明星代言是引流的关键，那么打造更完善的销售渠道则是流量变现的保证。为了拓展稳定的销售渠道，步步高与渠道经销商建立良好而稳定的合作关系，各省级代理与公司存在股份合作关系，经销商的忠诚度非常高。步步高采取现款现货的交易模式，代理商一般会将数额不等的闲余资金存在工厂里，工厂则支付高于同期利率的利息给他们。这笔“存款”不会让代理商有机会提前拿货，也不可能享受到任何折扣，不过有效缩短了购货时的资金交易流程。

为了提高效率，段永平还大胆进行变革，取消了销售部门，将步步高打造成一家靠销售驱动却没有销售部的奇怪的企业。按照段永平的要求，步步高的全渠道全部实行一套简单的办法，那就是经销商不分大小，统一提货价。段永平有着丰富的经营、管理和销售经验，他知道企业在销售产品过程中存在的一些弊端，最典型的就是经销商层级过多，厂家和顾客之间存在多层经销商，这些经销商会给产品加价，以确保自己获得更高的差价，正因为如此，原本价格不高的产品到了消费者手中就平白无故变成了高价货。一些经销商在面对爆款产品时还会恶意囤积货物，然后高价操控市场，这些对商家、经销商和消费者都不利。

这样的改革显然不可能得到所有客户的认同，一些大的经销商认为自己的利益受到了损害，一直在想办法施加压力。可是段永平却铁了心要做出变革。他数次说明自己变革的理由："刚刚开始经营时，我就发现每天绝大部分时间都花在与不同的客人讨价还价上。我当时想，我们还是这么小的生意，将来怎么办？我们建立起了这套系统，这样就不用整天花时间讨价还价了，（做到）简单不容易。"

在段永平的坚持下，尽管制订并推行这套运作系统整整花了3年时间，但推行之后效果非常显著，步步高的营销体系得到了进一步完善，营销效率和品牌形象得到进一步强化。

广告营销和销售渠道的打造让步步高获得了快速发展，这个时候，有很多人认为，段永平最擅长营销，尤其是广告营销，步步高的成功就是因为他具备了出色的营销能力。段永平认为，步步高的成功虽然和营销有关系，但这并不是主要原因，步步高产品大卖的原因在于产品本身很好，如果产品不行，不可能赢得市场的欢迎，即便广告可以产生一时的轰动效应，也不可能长期赢得消费者的认同。因此段永平认为产品才是根本，才是核心，广告营销只是一种手段，它本身也是建立在好产品的基础上的。

一个值得深思的现象是，当年与步步高竞争标王的企业，尤其是那些获得标王的企业，不少很快就垮掉了，段永平和步步高却一直健健康康地发展。很多人问段永平："当了标王怎么没垮？觉得你们早该完了，怎么没完？"段永平认为，很多企业将广告当成了最根本的大杀器，所以当广告做完之后，企业很快就不行了，但实际上真正的关键还是在产品，没有好的产品作为后续的支撑，广告播放得再好也没有用，一个产品质量不过关的企业，最终还是会垮掉的。

步步高公司一直都在努力通过技术手段来提升人们的生活体验，公司生产的数字视听、通信、电子教育产品及服务，一直致力于服务中国市场的消费者，确保中国家庭现代化的实现。产品质量是关键，步步高要求每一个员工都必须将产品质量意识融入自己的生命，员工有义务追求高品质。

在产品质量控制方面，步步高制定了高标准，不只是停留在"让用户满意"的层面上，而是按照国际标准建立起严格、高效的质量保障体系，三个分厂先后通过了ISO9001质量管理体系认证，真正保障了产品质量的稳定可靠和不断提升。为了从生产上保证质量，公司全面推行生产制造系统的电脑化管理，以规范化、高效率的生产资源管理和控制系统来控制生产流程，在降低成本之余增强企业竞争力。

多年来，步步高始终坚守这样的信念——“步步登高，不懈进取，为用户提供令其完全满意的产品和服务。步步高品牌必须是高品质的象征！”段永平对步步高产品的质量非常看好，认为它具备了参与国际竞争的潜在实力。不仅如此，为了提升市场的影响力，步步高一直强调产品的档次。比如在终端产品设计上就坚持以高档次为主，打破了国产手机低端的形象定位，步步高系的手机借鉴了韩国的三星，而后分离出去的OPPO更是具有国际范，产品不仅技术含量较高，还融入了时尚元素。

可以说，步步高的发展是产品、营销、服务共同推动的结果，其中产品是根本，营销则是工具。尽管如此，段永平对于步步高的发展还是有着非常清醒的认识，步步高一直想要做大，但段永平从来没有想着为做大而做大，“很多人说为什么中国的民营企业做不大？我立即反问了一个问题，谁能告诉我为什么要做大？很多人说，他们从来没想过为什么要做大。我宁愿做一家赚钱的小公司，也不愿意做一家不赚钱的大公司。大而无当，没有意思。如果能做一个既强大，发展又好，规模也很大的公司，当然更好。但是有时候这不仅取决于公司自身的环境，还取决于公司周边的环境。像管理学里讲的，界面管理很重要。任何一个人到任何一个地方，首先要看周边的环境，而不仅仅是觉得我自己很厉害。有充分的自信，这只是一个必要条件，绝对不是一个企业成功的充分条件。”

当时，步步高为了进军国际市场，特意邀请施瓦辛格拍摄广告，但是段永平知道，依靠步步高那个时候的实力是不足以成为国际知名品牌的。因此，段永平希望步步高控制发展的速度和节奏，在一个稳定的、安全的范畴内发展，不盲目扩张，不盲目追求规模。按照段永平的说法："在高速公路上，你开车的速度是由车况决定的，你开车的目的是安全抵达而不是快速抵达，所以如果不顾实际情况一味求快，就很可能出现危险。当然，如果我们有足够的实力和良好的外部环境，我们可以发展得快一点，不过前提是一定要安全，为求速度把企业做死是很不划算的。我们应该考虑得长远一些，朝着我们的目标努力，哪怕慢一点也没有关系。但是也不要把问题片面化，老说慢一点可以，大家就不追求速度和效率了。"

速度上的控制和节奏上的把握，仅仅依靠管理者的指令是不行的，还需要建立起良好的企业文化，所以段永平在步步高企业内部的一次企业文化培训课上发表了题为《基业长青》的讲话。在讲话中，段永平谈到了企业文化的重要性，他认为企业要想保持持久的强大竞争力，要想实现基业长青，就要构建自己的企业文化，因为产品和技术都可以模仿，而企业文化是内在生成的，无法被模仿。

段永平谈到了中国社会科学院做的一项调查，中国民营企业平均寿命只有3岁左右，很多企业可以做得很大，但是不能做强，也不能做长。其原因一方面在于体制落后；另一方面在于企业和企业家自身存在许多问题，企业家好大喜功，总想着短时间内成为跨国公司或者世界500强，缺乏长远的规划和可持续发展的愿景，只看重规模的扩大，而没有将企业文化构建好。企业小的时候，没有必要过度倡导企业文化的建立，但是当企业做大之后，一定要规范行为准则和管理制度，在长年累月的经营管理中慢慢积淀和完善企业文化。

经过多年的发展，步步高在企业规模、发展速度、产品质量、产业结构、制度建设和文化建设方面都取得了很大的进步。虽然一路遭遇了不少挫折，但是步步高一直在进步，而且越变越强，反观同时期的竞争对手，大都已经被市场淘汰出局。

攻读中欧国际工商学院MBA

多年来，中国企业一直盼望走出去，以便更好地与国际市场接轨，在竞争激烈的国际市场站稳脚跟。无论是在成本优势、技术研发、管理提升上，还是在企业文化的塑造上，中国企业一直都在不断地努力提升自己的竞争力。这个大背景下，不少人站出来表示，中国企业需要积极走出去，而中国企业家更应该走出去，更应该积极提升自我，努力变成一个合格乃至优秀的跨国公司的领袖。

段永平就持这样的看法，作为国内知名的企业家，他虽然40岁就宣布退休，并且成为美籍华人，但是他对中国市场、中国企业以及中国企业家的关注从未减少。同为企业家的他，认为中国的企业中不乏有天赋的人，也不乏一些拥有强大能力和技术的人才，不少企业无论是在资源和资金上都占有优势，但一个现实问题是，中国企业的管理水平整体上还不高，很多企业可以将生产和经营做得很好，但是管理上却相对滞后，而这种滞后反过来影响了企业的发展。究其原因，当然和中国现代企业管理文化、制度、体系起步较晚有关，同时也和企业家管理水平低下、管理意识薄弱有关，企业家管理能力的不足，直接影响了整个企业的管理水平。

段永平同样看到了自身存在的管理水平问题，他曾非常客观地谈论了中国企业家的管理素养，并给出了自己的建议："中国企业家大多属于半路出家，没有经过企业管理的基础训练，我们的基础素质是勤奋、努力。在企业规模不大的时候，这些已经够用了。但随着企业的不断发展，对管理者的要求就越来越高。我攻读中欧国际工商管理学院的MBA（工商管理硕士），其实是为本企业管理层进行再培训开了一个头。其实这对于不断发展进步的企业来说，是非常正常的事情。只不过现在老板级的人中参加再培训的少。与国外大企业相比，我们的企业家在层次上的差别非常大。人家是职业选手，我们是业余选手。正因为没有受过基本的训练，所以我们的企业经常犯一些常识性的错误。而这些错误对职业选手来说，是不可能一再出现的。我觉得，整个中国的企业家目前都是业余选手。加入WTO（世界贸易组织）以后，我们不得不面临与职业选手的对抗赛。企业家不可能永远保持业余水平，你不出去人家还要进来。所以不断学习是对企业家的基本要求。"

在这里，段永平谈到了两点：第一，中国企业家缺乏管理基础，需要学习；第二，自己为什么要前往中欧国际工商管理学院读MBA。

1999—2000年，段永平前往中欧国际工商管理学院攻读MBA。许多人也许会有这样的疑问：你都已经那样成功了，为什么还要去学习呢？要知道当时的步步高已经是一家有很高知名度的企业，在很多领域内都是行业第一。段永平虽然并不为大众熟悉，但是对业内人士来说，段永平就是一个优秀的企业家，就是一个行业内的领军人物。

想要了解他为什么要去深造，可以先看看他此前接受的一次采访，某一次，一个主持人问段永平“感觉自己最缺乏什么”，段永平脱口而出：“知识。”在企业不断做大做强之后，段永平慢慢感觉到自己越来越缺乏相关的管理知识。当时的步步高经过高速发展和扩张，已经达到了一个较高的水平，短期内想要实现突破，除了拓展更好的业务之外，就需要从管理上入手，通过管理上的优化来提升效率。在2000年左右，步步高划分出来的三家公司的员工人数已经过万，如何管理这么多人将会成为一个很大的考验，他必须想办法提升自己以及内部的管理水平。所以段永平认为包括自己在内的中国企业家都应该重点学习管理知识，了解和吸收更多先进的管理知识和管理理念，提升自己的管理水平，优化内部的管理机制。

早在20世纪90年代，中国就兴起了学习管理知识、引进管理制度的热潮，很多知名的公司积极向西方企业取经，日本和美国的企业，更是成为国内管理体制最佳的模仿目标。但实践表明，很多企业家在引入外国的管理制度之后，反而变得不会管理企业了，内部的混乱和低效问题仍无法得到解决，有些企业还出现了不少新问题。

为什么会出现这些混乱的局面呢？原因主要是企业家生搬硬套相关的制度，根本没有想过这些制度是否适合自己的企业，是否需要进行变通，他们所谓的学习仅仅停留在复制和模仿的层面，画虎不成反类犬。对此，段永平提出了自己的看法，他认为任何一种形式的学习，都必须保持一些基本的原则。

首先，在学习中融入自己的理解。

很多人选择向行业内的精英、榜样或者知名人士学习，甚至认为学习就是为了成为像对方那样的人。段永平却认为："学习某个人并不是成为某个人，因为谁也不可能成为别人。我觉得其实也没有谁比谁更值得学习的说法，因为每个人从别人那里学到的应该是能够提高自己的东西。所谓学习并不是'去其糟粕取其精华'式的学习，那样的学法只能让自己在原来的圈子里打转转。"

在他看来，学习和模仿他人，最终的目的是通过知识的汲取和整合，与自己的经验和实际情况相结合，形成知识体系。至于如何学习，段永平坦言自己也不太清楚，一切都离不开悟性和理解能力，就像自己学习巴菲特的理念一样，如果没有融入自己的理解，单纯地复制巴菲特，那么最终可能会遭遇很大的问题，把手头的投资搞砸。

其次，保持开放的心态。

很多时候，人们在学习过程中呈封闭状态，无论是看书，还是进行分析，都是将自己封闭在一个私人空间或者封闭在一种状态中，只注重自己的想法，这样就会把自己的思维局限在一个狭小的空间内，将自己封闭在某一个思维层次上。段永平认为学习者一定要保持开放的心态，接触不同的信息、不同的管理知识，要主动走出去，拓展自己的视野。读书虽然是一个非常好的学习方式，但绝对不是唯一的，走出自己的私人空间，更多地接触社会，也是一种学习，比如与人（尤其是圈子以外的人）进行交谈，或者参加社交活动，尽可能开放自己的生活圈，这样才能更好地走出思维的局限，才能更好地掌握自己所需要的知识，并形成适合自己的知识体系。

第三，不要纠结于是否成功。

许多企业家之所以排斥向他人学习管理知识，很大一个原因在于他们觉得自己无所不能，是本领域内的成功者，不需要继续学习，因此常常轻易放弃继续学习的机会。但实际上，真正优秀的企业家会通过不断学习来丰富自己的知识储备，并尽可能构建起更加健全的知识体系。在中欧国际工商管理学院内，有很多学员是功成名就的企业家，他们和段永平一样，希望在管理上更进一步。

其实，有关提升管理能力的话题，段永平很早就在步步高公司内部强调过了，前往中欧国际工商管理学院不过是计划之内的一次行动，显示出他的高瞻远瞩。

第四章

英雄的退幕和角色的转换

创办步步高是段永平事业上的第二次高峰。相对于第一次事业高峰，段永平在步步高公司拥有绝对的话语权，拥有自己的经营管理体系和属于自己的团队，更重要的是，步步高步入巅峰之后，仍旧拥有巨大的发展空间。从年龄上来说，当时段永平刚刚进入创业的黄金年龄阶段。然而，就在这个时候，段永平做出了一个惊人的决定：将步步高一分为三，并且自己离开步步高。对于一个企业家而言，做出上述两个决定中的任何一个都是艰难的，毕竟谁也不愿意将自己一手创办的公司就这样轻轻地放下，但段永平很洒脱，而且在离开公司后很快就实现了角色的转换，开启了人生精彩的下半程。

一分为三，退居幕后

随着步步高快速成长，公司逐渐开发出了VCD影碟机、无绳电话机、有绳电话机、手机、MP3播放器、复读机、学习机、电子词典、音响、音乐歌霸、外语通、点读机等一系列产品。随着业务生产线的不断拉长，步步高的规模越来越大。

段永平数次强调过一个观点：不会片面地追求企业规模的扩大。他认为企业应该重点发展自己的优势项目，提升竞争力，而不是宽泛地以“规模大”“市场广阔”这样的“标准”来定义企业的发展。而当时的步步高已经成为行业的巨无霸，这个定位掩盖了内部的一些问题，最典型的一个例子就是，步步高内部应该重点发展哪些项目，应该重点关注哪些产品，资源分配和人员安排又应该如何进行呢？虽然可以按照各部门的业务范畴来安排，但是各部门之间也会存在资源分配不公平的问题，一旦处理不好就会出现纠纷和矛盾。当企业规模越来越大的时候，一些大企业病就会出现。段永平早就想到了这些，很早就意识到步步高产品部门分立管理的重要性。

此外，步步高有三个生产部门。段永平曾在访谈中强调过这种模式：“步步高有三个工厂，三个主要负责人，三群股东，分别集中精力做自己的产品，搞独立核算。”这种天然的部门划分为内部的改革创造了很好的条件，可以让步步高更好地朝确定的方向发展。

1999年初，段永平进行大胆改制，按照人随事走、股权独立、互无从属的原则，把步步高公司拆分为三家独立公司，将其中的视听电子业务交给陈明永管理（负责VCD、DVD、MP3播放器、蓝光DVD，后来还有OPPO手机业务），将通信业务交给沈炜负责（负责步步高音乐机、无绳电话机，后来推出了vivo手机），步步高的电子教育则由黄一禾（后来是金志江负责，产品包括学习机和点读机）掌管，自己在三家公司各持股10%，不对具体业务进行干涉，这些放权手段显示了他的气魄和出色的投资智慧。

很多人觉得段永平很傻，将偌大一个公司一分为三，并且拱手送给别人管理。但在段永平看来，步步高公司的业务范围越来越大，集中化的管理显然不合时宜，业务独立成了迫在眉睫的工作，而自己没有精力管理所有的业务。他觉得应该将管理权限托付给最合适的人，让他们管理企业才能够确保企业的利益最大化和长远发展。

在谈到这些问题时，段永平曾经这样解释：“我是1978年上的大学，当时连电脑也没有学过，基础也非常不好，自己又是一个非常懒散的人，不是那么愿意去学新的东西，所以一直觉得自己不是一个做CEO（首席执行官）的好人选，所以我就找到了比我更好的人选。现在OPPO 以及 vivo 的 CEO 都比我年轻10岁左右，所受的教育以及学习能力都比我强，对企业文化的理解也和我一样（我们叫同道中人），所以我当时选择离开一线。十多年过去了，今天我可以非常得意地说，我确实是对的。”

比如，段永平之所以愿意将VCD业务交给陈明永打理，就是因为他相信对方拥有这方面的才能，相信他和自己一样，具备长远的战略眼光，拥有出色的管理才能，而且愿意不断地提升自我。陈明永出身于一个工匠家庭，父亲和祖父身上的工匠精神或多或少地影响了他的工作态度。

1992年，陈明永从浙江大学信息与电子工程系物理电子技术专业毕业，不久选择南下，以大学毕业生的身份进入小霸王，在生产部实习期间由于表现出色，获得了“打钉冠军”的称号。段永平非常看重人才，尤其对方还是自己的大学校友，所以他开始关注这个学弟。

陈明永工作认真负责，有一股精益求精且不达目的不罢休的劲头，段永平认为他将来必成大器，于是将其任命为助理经理，让他接触管理工作，并帮助经理处理一些日常事务。段永平没有看走眼，陈明永少年老成，办事干练果断，这样的特质非常难得，所以他力排众议，直接将其任命为总经理助理。许多人对此提出担忧，认为让一个初出茅庐的年轻人出任如此要职不合适，年轻人的经验和权威不足以服众。但段永平的判断没有错，陈明永做得非常出色。

陈明永在小霸王工作多年，先后在采购、生产、品质等环节从事管理工作，成绩非常显著，段永平非常信任他。1995年，段永平离开小霸王时，直接向陈健仁要走了陈明永。在那之后，陈明永很好地担负起了重任，带领公司越走越远。

分权和授权一直都是管理中非常重要的话题，因为在很多企业（即便是世界500强企业）中，集权和低效一直是一个难以回避的问题。企业家本人或者部门负责人往往拥有绝对的权力，他们也常常不乐意把权力分配出去。其实，从管理的角度来说，资源的有效匹配才是资源效益最大化的关键，而在进行资源配置的时候，人事安排是最重要的。

这种人事安排不是简单地让合适的执行人员做事，也不是简单地授予执行人员相应的权限，它要求管理人员必须做到人职匹配。比如在公司中，管理者必须明确一个基本准则，那就是依据每一个员工擅长的工作进行岗位安排，擅长财务的去财务部门，擅长营销的进入市场部，擅长研发的进入研发生产部，这是一种最初级的人职匹配。相比之下，对管理人员的任职和安排需要更加慎重一些，因为管理人员的素养和能力直接决定了管理水平。此外，内部权力机制如果不够完善，同样会对管理人员的人事安排产生干扰。正因为如此，很多企业的创始人不愿意轻易放权，可是从企业的长远发展来看，这些举动可能会造成严重的后果。因为个人的精力、能力和见识都是有限的，不可能真正做到掌控一切，如果没有更合适的人来分担责任，会导致内部出现低效和误判的情况。此外，过分集权又会导致内部出现腐败现象。

安排陈明永管理视听业务，这恰恰是段永平用人的高明之处，因为陈明永本身就是电子专业出身，而且是一个偏执狂，这样的人一定可以带领视听业务从红海市场中脱颖而出。还有一点非常重要，陈明永与段永平的价值观非常相似，而且都敢想敢做。有人曾问段永平用人的标准，他这样说道："我们选人的标准是合适性与合格性原则，合适性是指你对企业的核心价值观、理念是否认同。如果合格性不够，可以通过培训成长；如果非常能干，却不接受企业的理念，那他就会成为害群之马，对企业来讲他就不是一个合适的人。"陈明永在很多方面符合段永平的选人和用人标准。

据说陈明永在做OPPO的时候，曾经非常担忧刚开始拓展市场时会出现亏损，从而影响经销商的信心。比如很多门店和宣传需要花费大量的资金，在拓展下级市场时，也会产生大量的成本，这对经销商是一种巨大的"伤害"。一旦市场开拓的成本投入过大，代理商或许会面临亏损，但是当陈明永强调可能需要亏损3年来拓展市场时，经销商纷纷表示支持OPPO的决定，他们相信陈明永，也愿意做出牺牲。当一个人被他的客户无条件信任和接受时，就证明了他的能力和价值。

步步高一分为三之后，段永平的角色已经淡化了。他担任董事长的职务，但是不再像以前那样过问具体的经营事项（在很多重点事项上还是有话语权和决策权）。三家公司要想拓展新业务，就需要征求段永平的意见，得到他的同意。

段永平曾经谈到放权问题，他认为授权、放权行为应该慢慢铺展开来，绝对不能失控，而且对每一个人的放权程度是不一样的，所有的放权行为必须建立在对接受权限的人相互了解、彼此信任的基础上。如果对段永平在步步高公司后期的管理模式进行分析，就会发现，他开始逐步淡化自己在步步高系企业中的影响力。一开始，三家公司的管理者还能按照段永平事前的分配和规划来制定发展目标，可是随着公司的不断发展，他们开始有了自己的想法。比如陈明永在接手VCD和DVD的视听业务时，基本上按照段永平的规划去运作，但当他发现这些产品在市场上已经慢慢饱和，失去了竞争力，而MP3和MP4成为新宠，他便果断抛弃了VCD业务，转型研发和生产MP3、MP4。当陈明永开拓手机业务时，段永平的角色进一步弱化了。

有一次，别人问段永平为什么要慢慢放权，他非常自豪地说："步步高的小日子过得不错，手机、电子教育盈利都不错，但并不意味着需要我去控制，我只担任董事长。在中国企业里，大家不太愿意跟老板提意见，需要有一个人跟老板提意见时不会有顾忌，这个人就是董事长。"

在这一方面，很多顶级企业家做得很出色，比如微软创始人比尔·盖茨很早就退居幕后，将公司交给别人打理；阿里巴巴创始人马云已经宣布退休，把产业交给接班人打理；股神巴菲特虽然没有退到幕后，但一直以来他都将公司的各项业务交给合伙人负责，如今他正在筹划挑选合适的接班人。这些顶级的企业家拥有顶级的战略思维和高瞻远瞩的魄力，能够做到知人善任。只是相比之下，段永平做得更加彻底，不仅自己交出管理权限，还直接分解成三家公司，完全厘清了步步高内部的业务范畴和权力架构，极大地激活了步步高内部的创造力和发展的动力。

三家切分出来的公司可以集中资源做自己最擅长的事情，尽管它们可以享用同一个渠道，但是它们的运作方向、运作模式已经更具独立性、更加专业化，并且有了各自的发展空间。

因爱隐退，大隐隐于市

1986年，段永平考入中国人民大学经济学专业。也是在同一年，一位名叫刘昕的清秀姑娘走进了中国人民大学新闻学院。1990年大学毕业后，刘昕进入《中国青年报》担任摄影记者，她是当时中青社唯一的一名女摄影记者。

在工作中，刘昕表现得非常积极和活跃，是中青社的女骨干，但她并不是一心只扑在工作上，与生活脱节，而是积极关注社会生活，尤其是非常关注社会困难群体。她展现出一个摄影记者应该具备的人文关怀，致力于用镜头记录困难群体的真实生活。也正是因为怀有这样的大爱和充满温度的镜头，她在第一次参加“希望工程”主题摄影时，作品就被中国青少年发展基金会看中，并且被拍下用作招贴画。这样的经历让她更加强烈地意识到了身为记者，身上应该背负的社会责任感，因此，她之后的工作更多地倾向于为困难群体发声，以便引起社会对他们足够的关注。

随着事业越来越成功，刘昕也在业内有了一定的知名度，但在1993年，她从《中国青年报》辞职，赴美国俄亥俄大学视觉传播学院深造，攻读硕士学位。毕业后，她成为《棕榈滩邮报》的首席摄影记者，工作表现优异。

据说段永平很早就对这位小师妹暗生情愫，尽管没有人知道具体是在什么时候，但是在1995年，段永平曾经想过去美国留学，有人透露说段永平那个时候就是想去美国见刘昕。1997年，刘昕受邀去荷兰“荷塞大师班”听课时，段永平特意追到荷兰去见面。1998年，回国探亲的刘昕与段永平再次相遇，就像冥冥中注定的一样，这对大学校友相互吸引，感情在两个月的相处中升华，段永平之后宣布与刘昕结婚。那一年段永平37岁，刘昕30岁，两个人都事业有成。段永平结婚很晚的原因是事业心比较重，一直找不到合适的人。刘昕则不一样，她喜欢工作，崇尚自由，在美国的5年时间，这个出色的女记者更换了7个城市居住，很多朋友不相信她会结婚。但现实中的缘分就是这么奇妙，两个人一见钟情，很快成为彼此的另一半。

由于刘昕的工作重心在美国，婚后的她立即返回美国，她希望段永平跟着自己一起去美国。但步步高当时正在努力攀登高峰，在这样的关键时刻，他不可能撒手不管跟着妻子前往美国。这不是个人的选择问题，而是一个关乎企业以及全体员工生计的问题，所以他对妻子做出承诺，只要步步高稳定下来，自己拿到美国绿卡，就选择去美国定居。

2001年初，美国绿卡批下来了，段永平萌生去意，虽然国内还有很多事情需要他处理，但是他表明了自己的想法："不可能让太太在美国，我在中国，那还要这个家干什么？"此时的步步高发展迅猛，占据了全国80%的市场，功成名就的段永平似乎了却了一桩心事。于是，他直接卸任了职务，正式移居美国，与妻儿团聚。当时他定居在美国加州的帕罗奥图，这里是硅谷的中心地区。移民之后，国内的事务他不再过问，完全放权了，让弟子们负责。他也会回来看看，但每年也就回来两三次，而且大都是出席董事会会议，每次都是10天左右。

为了爱情而放弃自己打下的"江山"，这在整个商业史上并不多见，段永平的壮举因此被传为美谈。但人们更多地为段永平感到可惜，因为段永平在1999年因为清晰的远见和创新能力而被《亚洲周刊》评为亚洲20位商业与金融界"'千禧年'行业领袖"之一，大家对段永平的发展充满了期待，不少人认为他在未来一定会成为整个亚洲最负盛名的企业家之一，甚至有可能打造出一个全球闻名的超级企业。一个如此出色的商界精英却选择为爱情归隐，实在让人感到不解，更何况这一年他只有40岁。这样的年纪，大部分企业家正处于创业的巅峰期，无论是对事业的执着，还是对名望的渴望都处于巅峰，身体的状态和精神状态也处于最佳水平，很少有人选择退休，何况他正经营着一家发展如日中天的大企业。

然而段永平不在乎企业家或者商界领袖的虚名，在他看来，自己已经经历了创业这个过程，已经体验到了挑战和奋斗的乐趣，没有可遗憾之处了，最重要的是回归家庭，因为家人才是他一生中最重要的，他不想被工作占据全部的生活。在接受采访的时候，段永平这样说道："我看到有一些企业家，在接受采访的时候，说自己因为工作而没有时间陪伴家人，因此感到后悔。我觉得那都是虚的，你之所以会因为工作而没有时间陪伴家人，说明在你心中，工作比家人更重要，而我认为陪伴家人更重要。"

婚后的段永平花了更多时间陪妻子，他和刘昕生下了一儿一女，四个人的名字当中刚好有"开心（谐音）平安"四个字，可见他对幸福家庭生活的期待。而随着孩子的诞生，段永平将大部分空余时间花在老婆孩子身上，很多客户打电话给段永平谈论合作事项，段永平总是回绝，他抽不出时间和对方见面，因为孩子需要人陪伴。

隐退之后，由于他的角色更多地倾向于家庭，日子变得很琐碎，将大量时间花在孩子身上。与天下所有的父母一样，段永平有甜蜜的家庭负担，比如孩子上学之后，要关心儿子和女儿的成绩，担心孩子过马路时的安全，为了博取父母的关注，孩子也没少闯祸，这让他时常感到头痛。他多次强调自己仍在学习如何当好一个合格的父亲，言语中满是幸福。

很多人认为段永平天生就是一个做大事的人，这样的人往往是耐不住寂寞的，他们认为等孩子长大一些，段永平会重新回公司执掌大权。但这些人低估了段永平的决心，在他移民到美国定居之后，基本上就放弃了对公司的掌控权。有一个故事很能说明问题，段永平一直是美国男子职业篮球联赛的球迷，并且是金州勇士队的铁杆球迷。2017年，金州勇士队夺得美国男子职业篮球联赛（NBA）的冠军后，段永平非常高兴，兴致勃勃地在博客上发文祝贺新加盟的杜兰特（球员）获得冠军。也就是在那一次，他发现金州勇士队的当家球星库里早就是vivo手机的代言人了，心里非常高兴。

还有一件事，OPPO准备进军电视领域。段永平直言看不懂，认为OPPO此举有些冒险，要知道段永平也曾想过进军家电市场，但是他却认为步步高在家电行业内不太容易获得更好的发展机会，因此没有进入。OPPO成立之初也曾进军液晶电视产业，可是由于缺乏竞争力，没有什么利润可图，最终草草收场。段永平认为就连苹果公司都没有进军电视行业，OPPO似乎有些盲目。对此，陈明永笑着表示段永平的意见很重要，但是对方毕竟离开这个行业太久了，不清楚现在的市场状况。

也许段永平离开太久不打算回来了，最近几年，他对于弟子们管理的公司越来越“生疏”，很多具体的业务根本不闻不问，比一个最普通的股东还洒脱。他还减少了与媒体接触的机会，很多人觉得他不善于与媒体打交道，或者说不喜欢与外界交流。2018年9月30日，段永平在斯坦福大学与在校华人学生进行交流时对这个问题做出了回答：“不希望给公众留下我掌控公司的印象，抢了CEO的成就感。”

虽然如此，段永平在步步高系的员工心中还是占据着很重要的地位，他的威望很高，话语分量也很重。据说，三家公司一直为段永平保留着办公室，只要段永平到公司里来，大家就会恭恭敬敬地喊一声“董事长”。而作为三家公司幕后的大佬，段永平并没有留恋权力，而是非常洒脱地告诉弟子们：“放手去干，干好了分钱，干不好关门，别有负担。”很明显，他打定主意继续当一个“影子董事长”。

出手挽救网易，投资魔力初现

2001年，段永平移居美国后，基本上不再管理步步高系的事务。但是段永平根本闲不住，他也有自己的事情要做。只不过与外界猜测的不同，段永平没有重新创业，而是选择做投资。

一次偶然的机会，段永平翻阅到一本巴菲特的书，里面讲了投资知识、投资理念和基本的操作方法，让他顿时产生了浓厚的兴趣。段永平虽然对经营企业颇有心得，但对于投资一窍不通，连最基本的K线图分析、涨跌概率也不清楚，巴菲特的投资理念让他眼界大开。

巴菲特是美国乃至整个世界的投资大师，并且拥有世界上最大规模的投资公司——伯克希尔·哈撒韦公司，凭借强大的投资能力，在短短几十年时间之内，他就挣到了几百亿美元，整个伯克希尔·哈撒韦公司的市值也一直名列前茅。巴菲特的价值投资理论、长期投资理论以及护城河理论深深吸引了段永平。同时，经过深入分析，他发现做实业和做投资有很多共同之处，就连巴菲特本人也曾说过：像经营企业一样进行投资。比如段永平发现长期投资注重对未来收益的考虑，而做企业同样要立足长远，不能被眼前利益所迷惑；又比如投资者需要在自己熟悉或者擅长的领域内投资，对于自己不了解或者不懂的项目要保持距离，创办企业也是如此，自己看不懂也不了解的项目根本不值得做。

对巴菲特投资理念的分析，使得他找到了投资与创业之间的一些共同之处，思前想后，他觉得自己可以尝试一下做投资，美国的投资氛围不错，自己手里也有足够的资金。虽然是半路出家，但是段永平似乎有着比普通人更高的悟性，就像他最初入职日华电子厂一样，从来没有管理经验的他成为厂长，还创立了小霸王这样的优秀企业。在投资上，这种悟性帮助他把握住了投资的精髓。

然而，投资不是简单地学习理论知识，也不是简单地照搬他人的投资经验，最重要的是在实践中找到适合自己的投资法门。正当段永平跃跃欲试的时候，上市公司网易的创始人丁磊找上了他。

2000年6月29日，网易成功登陆纳斯达克，很多投资者都将目光聚焦在这家新上市的中国企业身上，网易创始人丁磊一时之间也意气风发。正当大家认为网易会越来越好的时候，全球性的互联网泡沫危机爆发，纳斯达克指数遭重创，网易的市值也跟着疯狂下跌，直接从15.5美元下跌到0.48美元。更致命的是，公司在2001年9月被曝出了会计涉嫌财务造假的丑闻。诚信问题导致网易股价直线下跌，被股东们集体起诉。

对于一家上市公司来说，这些打击是致命的，纳斯达克发出了退市的警告（纳斯达克的交易规则：如果一家上市公司连续30个交易日股价低于1美元，就会收到退市警告；如果受到警告后的90天内业绩仍然没有得到改善，就会强制退市）。丁磊万念俱灰，打算将公司卖掉。由于无人接手公司，丁磊只能咬牙坚持下去，并寻求复苏的机会。不久，丁磊发现在国外很受欢迎的网络游戏，国内还没有引起足够的关注，只有上海盛大网络发展有限公司在做这项业务。他意识到这是一个很大的市场，尤其是随着电脑在家庭中慢慢普及，电脑会成为家庭最基本的生活用具，而游戏几乎是每一个年龄阶段的人都会着迷的东西，似乎人类的基因中就有痴迷游戏的因子，所以决定孤注一掷投资网络游戏，这就是《大话西游Online》的诞生过程。

丁磊对网易的这一次转型非常看重，也非常有信心，谈到网易做网络游戏时，他这样说道："网易从门户网站转向做游戏。兵临城下，游戏就相当于网易的护城河，技术含量高，对手难以复制，才有继续生存的机会。"由于网易多年来一直亏钱，丁磊只能选择融资。

此外，丁磊对网络游戏一窍不通，在营销方面更是欠缺，因此很有必要向游戏行业的前辈取经，尚在美国的丁磊便想到了段永平，自己也曾玩过小霸王的游戏机，更重要的是，两个人是浙江大学的校友。不久，他联系到比他大10岁的段永平，希望这位校友可以给自己一点建议。对于这段过往，段永平回忆称："丁磊不是来找我买股票的，我不知道他听谁说可能我对企业的理解还有些意思，所以来找我。那时候他觉得自己有一些问题。我比他大10岁，做的时间比他长，是过来人，教教小兄弟，吃个饭，喝个茶，对我来说很简单。”

在那次谈话中，当丁磊讲述自己准备转型做网络游戏，并且期待网易有所突破时，段永平提出了一些建议。由于资金不足，丁磊想卖掉公司。他对段永平说：“我能不能卖掉公司（网易），重新再做一家？”段永平反问：“你现在就有一家公司，为什么不把它做好呢？”在段永平看来，游戏产业的市场非常大，虽然自己不一定能够准确预测网易做网络游戏可以挣多少钱，但肯定要比小霸王游戏机挣钱。

当丁磊放弃出售网易的想法后，段永平决定系统地了解网易公司，并安排了专业人士进行估值，结果发现网易的股价被严重低估，当时的股价是0.8美元，但是每股现金达到了2美元。网易当时的市值只有2,000万美元，但是现金却有6,000万美元，公司的净资产更是高达6,700万美元，负债只是1,400万美元。他在咨询律师之后，知晓网易公司不会有摘牌退市的风险，更重要的是公司的运营情况其实非常不错。

在了解了这些情况之后，他立即砸200万美元买入152万股网易的股票，之后继续增持到205万股。事实证明了段永平的眼光和魄力：2001年12月，网易推出自主开发的大型网络角色扮演游戏《大话西游Online》，很快引爆了市场。2002年初，网易股价从1美元左右迅速上涨。到2003年10月，网易股价飙升至70美元。而段永平的这笔投资仅仅用了2年时间就实现了近100倍的投资回报，其中大部分股票在120~140倍出手。

有趣的是，段永平在购买网易的股票时控制在5%以下，之所以这样做，是因为按照美国证券交易监督委员会的规定，持股超过5%时就需要申报，而申报就意味着个人信息会被公布，段永平不希望被外界过分关注，所以有意控制住份额。不仅如此，他还特意选择将持有的网易股票捐出去，并且卖掉一部分股票，确保自己不会达到需要向美国证券交易监督委员会申报的持股比例。

投资网易的成功让段永平信心倍增，毕竟作为一个投资新手，能有这样的成绩是难能可贵的。与此同时，段永平感受到巴菲特投资理论，尤其是价值投资理论的威力。在他看来，一家企业是否值得投资取决于它的价值，而不是财务数据和发展规模。其实，巴菲特的价值投资理论包含了以下几个重要的原则：

> 竞争优势原则：具有持续性的竞争优势和护城河的企业，这类企业要么在行业具有垄断地位，拥有定价权，要么投资回报率很高。
>
> 现金流量原则：企业现金流充足，而且未来现金流量贴现值比较高，不用担心资本链的断裂。
>
> 市场先生原则：在投资时要避免出现从众心理，别人害怕的时候要贪婪，别人贪婪的时候则感到害怕。
>
> 安全边际原则：要选择自己擅长或者熟悉的项目进行投资，对于个人能力范围以外的项目，要保持足够安全的距离。
>
> 集中投资原则：选择少数几只优秀股票进行投资，不要盲目拓展自己的投资组合，产品越少，股票种类越少，效益往往越高。

长期持有原则：要选择一只值得长期持有的股票，坚持长期持有，即便出现了价格波动，也不要轻易放弃。

这些原则在段永平看来非常实用，也让他喜欢上了投资，所以不久之后，他再次出手，运用巴菲特的投资理论做了另外一笔成功的投资。这一次段永平看中的是美国一家主营拖车租赁的公司优贺货运公司。这家公司的分店遍布美国各州和加拿大，市场份额非常大，但是公司领导层想进一步扩大版图和规模，所以不惜四处举债，并且成立了保险子公司，进行一系列高风险投资。可是由于经营管理不善，保险子公司出现了每年一亿多美金的亏损，四处举债带来的短期负债导致整个优贺货运公司陷入严重的财务危机。到2003年6月，经营困难的优贺货运公司只能申请破产保护，此举引发了市场的恐慌情绪，公司的股票价格很快从几十美元一路跌到4美元以下。 当股价持续下跌时，投资者感到非常恐慌，试图远离这家企业，但段永平却不这么想，投资本能告诉他这家公司或许是一个不错的投资目标。

不久，他聘请优秀的会计师花费半年时间对这家拖车租赁公司进行财务审查。这一次审查段永平发现了两个问题：首先，这家公司没有存在财务造假的现象，业绩是站得住脚的，其核心业务运营良好，竞争优势比较明显，销售业绩非常稳定，而且现金流量充沛，只要剥离了保险子公司，然后出售部分房产抵债，那么情况就会好转；其次，这家公司的每股净资产达到了50多美元，这与4美元以下的股价完全不符，可以说股价严重背离了公司的真实价值。段永平做了一个估算，即便行情再差，每股净资产打五折，优贺货运公司仍旧存在25美元的每股净资产，因此段永平觉得自己没有必要错过这样的好机会。

在了解了相关情况之后，段永平在股价达到3.5美元左右时，果断入手100多万股。事实证明了段永平的眼光，到2004年初，这家公司终于解除破产保护。结果，公司股票价格快速反弹，股价大幅上涨，到了2006年，股价顺利冲破100美元。如果按照买入价格估算，这次投资直接为段永平赚了超过8,000万美元的收益。

同样的分析模式，同样的投资理念，让段永平获益匪浅，从某种意义上说，巴菲特成了段永平在投资路上最好的导师。如果对段永平的投资理念进行分析就会发现，他的大部分投资想法和技巧是从巴菲特那里学来的，只不过他和巴菲特对项目有着不同的理解，因此在投资上会有一定的差别，但是就整个投资理念来说，段永平身上明显有巴菲特的影子。

巴菲特午餐

美国西海岸时间2006年6月30日上午11时，第四次巴菲特午餐竞拍大会正在紧张地进行，经过数轮报价，一位名叫“快就是慢”（fast is slow）的网友以62.01万美元的报价赢得了与巴菲特共用午餐的机会。第二天，人们才知道“快就是慢”正是段永平。

对于这一次参加竞拍的动机，段永平做出了这样的解释，自己无意中看到了巴菲特的投资理念，很快就领悟了其中的精髓。在这一方面，段永平承认自己有一些优势，那就是他曾经经营管理过企业，对于企业价值的判断，对于企业发展状况的理解，都非常深刻，而且他拥有投资者必备的战略眼光和强大的意志力，因此自己学习起来会相对轻松一些。在接触巴菲特投资理念后，他很快对投资产生了兴趣，并且多年来一直坚持运用巴菲特的投资理念，非常成功，带着一种感谢和崇拜，他觉得自己有必要见一见巴菲特。

许多人质疑段永平此番操作是作秀，花这么多钱吃一顿饭根本不值得，无非是为了炫耀自己和巴菲特吃过一顿饭，提升一下名气，炫耀一下自己的实力。段永平对此也懒得解释。事实上，段永平一直非常低调，算得上是一位神秘富豪。他曾经表示自己的朋友很少，并不喜欢社交活动，因为他觉得社交太累了。如今愿意花那么多钱吃一顿饭，不过是单纯地想要和偶像接触一下，而且他觉得巴菲特的理论非常有用，值得宣传。

在他看来，这顿饭的价值远远超过了62.01万美元，甚至远远超过了自己的身家。他曾经说过："从他身上学到的东西，帮我赚的钱，那都是远远多过这个数字的。"在段永平看来，这顿饭并不是自己买到了一个东西，也不是说巴菲特给了他一个投资的锦囊妙计，而是一种能够引导他悟道的东西。

比如其他人在参加午餐时可能会想着询问巴菲特该投资什么项目，如何去寻求更好的投资机会，或者请教一下投资的秘诀，段永平则不同。他没有向巴菲特请教任何投资机会，在他看来，巴菲特也不可能真正将那些值得投资的项目说出来，当然段永平也不需要巴菲特告诉自己该投资什么。他向巴菲特提出了一个问题："投资中不能做的事情是什么？"

询问巴菲特不能做什么，而不是请教对方"自己需要做什么"，是一种非常典型的逆向思维。按照他的话来说，自己不需要巴菲特具体引导自己怎么做，只要了解哪些事是不能做的就可以避免落入陷阱。逆向思维是巴菲特投资理论中的一个重要投资法则，他说过一句话："当别人贪婪的时候要感到恐惧，当别人感到恐惧的时候要贪婪。"巴菲特的老搭档查理·芒格更是说道："如果我知道自己将要在什么地方死去，那就永远避免自己去那个地方。"

很多企业家或者投资者更加看重那些成功人士是如何获得成功的，但是只有少数人会真正关心成功者在成功之前经历了什么失败，走了多少弯路，误入多少陷阱。相比于那些成功的妙方，这些会导致失败和挫折的负面因素或许才是他们应该真正关心的。"知道自己不能做什么"，有时候要比"知道自己必须做点什么"更加重要。就像减肥一样，减肥者关心减肥成功的人是如何锻炼身体的，是如何安排饮食的，如何通过服用药物来达到瘦身的目的，而真正能够减肥或者避免肥胖的人，则在关心什么行为会导致肥胖或者减肥失败，从而避免那些行为。比如少熬夜，少吃高热量食物，不要久坐，不要把目标定得太高，不要只是吃水煮菜，不要动不动就断食，不要迷信减肥药，不要迷信那些未经科学证实的偏方。

在投资中也是如此，投资并没有一个明确的标准，没有谁规定"只有投资什么"才能挣钱，只有"怎样投资"才能挣到钱。巴菲特有他的成功之道，其他人同样拥有属于自己的成功法门，直接照搬他人的成功模式并不可行，因为每个人的能力、背景、性格、资源、目标、思维模式是不一样的。就好比即使比尔·盖茨将自己的创业和经营理念全部灌输给别人，别人也成不了第二个比尔·盖茨，试图让别人告诉你应该怎么做，往往行不通。

比如2008年，被称为“私募教父”的赵丹阳以211万美元的天价中标了巴菲特午餐，当时他问了巴菲特一些股票估值的方法以及未来看好哪些行业，巴菲特摇摇头，没有回答这类核心问题。同样，之后的第三位与巴菲特共进午餐的朱晔，问了巴菲特一个问题，“我不会炒股，请教教我怎么炒股”，没想到巴菲特直接来了一句“我也不会炒股”。之后他又问了一些诸如孩子教育、合作伙伴、公司管理、公司价值的问题，巴菲特基本上避重就轻。对于这两位竞拍午餐的人，为什么巴菲特的表现会如此冷淡呢？原因很简单，巴菲特不想误人子弟。因为关于如何让自己投资更好项目的问题上，每个人的答案都会不一样，而且适合每个人的答案肯定也不一样。

相比之下，逆向地了解什么不能做，或者什么存在危险，反而更适合大众的需求。对投资者来说，什么项目更好以及怎样去经营一个项目是一个无解的答案，但是什么项目不能做，什么投资行为要避免则有着更多的共性。真正的聪明人会明确哪些项目自己不能去碰，哪些常见的错误要避免，哪些不合理的方式要杜绝，把潜在的问题堵上，把潜在的危险杜绝掉，那么自己的投资就会进入一个相对安全的区域，这样一来，即便自己挣不到钱，也绝对不会出现亏损。

从这方面来说，段永平已经真正看透了事物的本质，真正了解了投资的基本原理。有意思的是，段永平的网名fast is slow是欲速则不达的意思，表明了段永平做事做人的基本哲学：不求快，求稳、求安全，等到事情有把握了再去做。这个哲学与巴菲特的理念不谋而合，即追求一个安全边界，确保投资风险得到有效控制，逆向思考什么不能去做，这本身就是圈定安全边界的方法。

那么，什么是安全边界呢？

巴菲特针对段永平的问题，给出的答案是“不做空，不借钱，最重要的就是不要做不懂的东西”。

其中最核心的理念就是做自己能力范围内的事情，不懂、不了解、不能做的东西不要去尝试。比如，巴菲特多年来一直不喜欢科技公司，先后错过了微软公司、谷歌公司，还错过了苹果公司和亚马逊公司的最佳投资时机。但这并不代表他很失败，反而证明了一点：巴菲特不会盲目投资自己不了解的东西。事实上，巴菲特在可口可乐、喜诗糖果、吉列剃须刀、富国银行等业务上的投资非常成功，因为他对这些领域比较熟悉，能够看准企业的真实价值和发展状况。段永平对于这一点有着很深的理解，自己也一直在践行这个投资原则。比如当年他没有投资火爆的房地产，没有投资其他能源项目，而是选择了网易的游戏，就是因为自己本身是做游戏机起家的，对于相关的业务非常了解，能够把握住机会。

此外，做空其他企业也是一种冒险的行为，巴菲特认为那些总是想着做空企业的人，往往遭遇反噬。段永平曾经想做空互联网公司，某一次他看中了百度，由于之前自己的投资非常顺利，段永平信心满满，于是抱着“玩一玩”的心态投资了一笔钱，结果没有起色。不服输的段永平加大了投资，最终被架空。这次投资，他一共亏了1.5亿美元到2亿美元。更加重要的是，做空百度的行为让他消耗了手头上全部的储备金，直接导致他在其他投资机会上错失良机。

那个时候，距离他参加巴菲特的午餐没有过多长时间，“不做空、不借钱、不做不懂的东西”的箴言还在耳边萦绕，但段永平还是为自己一时的冲动，为自己的投机行为付出了代价。

至于巴菲特谈到的“不借钱”，它表明了一种投资的态度，即不能用借贷的方式投资，拒绝使用金融杠杆。原因很简单，投资者一旦投资失败，可能会因此遭遇更大的亏损，甚至被欠款直接拖垮。有投资者喜欢借别人的钱投资，实现自身利益最大化，但风险往往也很大。段永平一直反对借债投资，“因为没人知道市场疯狂起来到底有多疯狂，负债的好处是可以发展得快一些，不负债的好处是可以活得长久些，不论你借不借钱，一生中都会失去无穷机会，但借钱可能会让你再也没有机会了。巴菲特说过类似的话：如果你不了解投资，不应该借钱，如果你了解投资，不需要借钱，反正你早晚都会有钱的”。巴菲特也认为，一个投资者要在自己的能力和实力范围内行事，有多少钱办多大事，不要轻易借钱。

三个“不”充分显示了巴菲特投资的智慧。有人说巴菲特是一个保守派，并且因为保守错过了很多非常不错的投资机会，尤其是对互联网和科技公司的“成见”，使得巴菲特错过了成为世界首富的可能。但事实上，如果不是因为巴菲特求稳，以安全为第一原则，可能他早就和其他投资人一样，在不断的失败中退场了。安全边际原则是巴菲特投资理念中的核心理论之一，也是构建其他投资理论的基石。他一再强调投资的首要任务就是不要亏钱，这听起来似乎很无聊，但几十年来，正是因为一直都在避免做亏本生意，或者拒绝做那些有可能存在很大不可控风险的投资，巴菲特才能成为富可敌国的富豪。段永平非常认同这种投资理念，圈定个人能力范畴，设置一个安全的投资边界，避免做容易出现亏损或者亏损风险很大的项目，这本身就是实现个人财富增长的前提。

总的来说，段永平对巴菲特投资理念的理解非常深刻，与巴菲特共进午餐又让他对相关的投资理论有了更好的理解，完善了他自己的投资理念。在这一次的午餐之后，段永平开始积极制定一个“不为清单”，上面所列举的都是自己不能去做的事项，其中就包括上面的三个“不”，同时还有不做代工、不拖欠货款、不做不诚信的事、不赚快钱、不搞多元化等多个事项。这份“不为清单”有效地帮助他“躲”过了投资中的各种风险，确保自己不在错误的投资项目上浪费资金。

提携黄峥，亦师亦友

2006年，他以62.01万美元拍下了与巴菲特共进午餐的机会，由于巴菲特的午餐规定，中标者可以带一个人参加饭局。段永平可以带着自己的妻子或者子女，或者是步步高系的其他高管去参加，但令人意外的是，他选择了黄峥，这是一个刚刚大学毕业、在谷歌公司工作的普通员工，唯一的关系是：两个人同是浙江大学毕业的，此前有过几次交集。

那么为什么黄峥会赢得段永平的认同，并荣幸受邀参加这样重要的活动呢？

黄峥是地地道道的浙江杭州人，考入浙江大学竺可桢学院，主修计算机专业。2002年，黄峥从浙江大学毕业，选择赴美留学。当时的网易CEO丁磊知道黄峥在计算机技术方面的才华，而且曾经在网络上看过黄峥发表的文章，心里非常敬佩，于是就邀请黄峥帮助他解决一个技术问题。黄峥答应了下来，轻轻松松就帮助丁磊解决了技术难题，两个人因此成为好朋友。

丁磊非常有眼光。他认为黄峥是一个技术天才，而且既有技术人员的创新能力又有商人捕捕捉商机的敏锐，只要有机会，日后前途一定不可限量。惜才的他，直接将黄峥介绍给段永平。

不久，黄峥在威斯康星大学麦迪逊分校攻读计算机硕士，毕业后一直在纠结是去微软还是谷歌工作，这个时候，他主动向定居美国的段永平请教。段永平结合黄铮的专业以及两家公司的发展情况，建议黄铮去谷歌上班，在段永平看来，虽然当时的微软公司发展势头很猛，但上升的机会小，对于一个新人来说，可能接下来的10年时间都不会有大的变化，黄铮也觉得很有道理，按照他自己的话说，“留在微软能看到十年后的自己”。段永平认为谷歌正处于上升期，发展潜力非常大，值得黄铮这样的新人去锻炼，至少新人往上走的机会更多一些，他觉得黄铮去谷歌工作三年，可以挣到一大笔钱，实现财务自由。黄铮最终选择了谷歌公司，担任程序员和产品经理，之后参与了谷歌中国的初创。工作之余，他帮着段永平做投资。2004年，谷歌在纳斯达克上市，黄峥一下子就拥有了百万美元身家，他对段永平当初的提点充满了感激。

正是因为这些交集，段永平对黄峥有了更深的了解。他觉得黄峥是一个很有天赋、很有抱负的年轻人。他愿意给这个年轻人更多、更好的机会，从这一方面来说，段永平的确是一个善于挖掘人才且愿意培养人才的人。2006年的某一天，他给黄峥打了一个电话，邀请他吃饭，黄峥答应了。到了吃饭的地方，黄峥吓了一跳，原来段永平的旁边坐着大名鼎鼎的巴菲特。这时他才知道原来段永平所谓的吃饭，是邀请他一同参加巴菲特的饭局。这一次午餐，让黄峥受益匪浅，他原本以为巴菲特会谈论很多专业性很强且很复杂的理论，以为段永平和巴菲特之间的对话会非常艰涩难懂，但是实际上巴菲特的相关理论都是一些常识性的东西，并不复杂，黄峥第一次意识到简单和常识的重要性。

谷歌上市之后，黄峥的能力和雄心不断上升。他不甘心于打工，打算回国闯荡。段永平非常欣赏他，也有意扶持这个学弟。2007年，段永平将其带入步步高集团公司，然后将步步高的电商业务全权交给黄峥打理，这是整个步步高公司未曾出现过的事情，由此也可以看出他是多么器重黄峥。

当时，黄峥创办了一家名为欧酷网的电子商务网站，主要负责帮助步步高公司在线上销售电子产品和手机，这种销售体系类似于京东的自营模式。但是与京东全年交易额突破100亿元的巨大体量相比，欧酷网只有6,000万元，巨大的差距让黄峥感到沮丧，他也意识到自己的创业方向出现了问题，毕竟自己无论是在资源、经验、实力上，都与京东相去甚远。

思量再三，他将欧酷网卖给了一家名为兰亭集势的电子商务公司，但他非常聪明地保留了自己的技术团队，然后投身下一个创业项目。不久，黄峥创立了乐其，成了雀巢、中粮和联合利华等大品牌的电商代理服务公司。在整个团队的努力下，乐其很快成为天猫上最大的手机和母婴食品的供应商。不仅如此，看到丁磊在游戏方面的巨大成功，黄峥开始投资游戏业务，并于2013年在乐其内部孵化出“寻梦游戏”的创业项目。寻梦游戏带来了巨大的现金流，而其他的项目也带来了很大的收益，黄峥的创业越来越顺利。

事业有成的黄峥之后病倒了。他在家待了几个月，开始认真思考自己适合做什么。这时，段永平劝黄峥转行做投资，在他看来，投资相对比较轻松，没有那么大的工作量和压力，收益普遍高于做实业。黄峥婉拒了这个建议，他认为自己胸无大志，没有太大的雄心，只想做一点自己喜欢做的事，而且他也不想像段永平那样早早就进入半退休的状态。黄峥希望借助移动互联网继续创业，而且他对于移动互联网有着深刻的认识。首先，移动互联网未必像有些人说的那样会引起用户的下沉，而是导致用户被拉平了，人与人之间的交流没有以往的限制。通过移动互联网，普通的百姓也能够拥有较强的获取信息的能力以及网络交易的便利，而在过去，这是无法实现的。而黄峥一直在想办法利用这样的优势，并将其作为日后创业的核心理念之一。

黄峥和团队骨干成员将目光锁定在电商上，虽然已经有阿里巴巴和京东这样的电商巨头，但是电子商务在国内市场上仍旧具有潜在的市场，最重要的是找到一个新的突破口。经过大家的分析和思考，决定了一个大致的方向，那就是将电商与游戏结合起来。

2015年4月，黄峥创办了“拼好货”，这是一个生鲜水果类的自营平台，采用“拼单玩法+社交参团”的新颖模式。这是典型的田忌赛马的博弈思维，在他看来，自己的实力与其他竞争对手相比根本不占任何优势，但可以依靠新的玩法、新的模式来打造局部优势，从而为自己获得整个战役的胜利争取更多机会。结果这样的新型模式大受市场的欢迎，在短短几个月内平台用户量就突破了千万。与此同时，寻梦游戏内部也孵化出了拼多多。2016年7月，拼多多的用户量突破1亿，成为市场上的一匹超级黑马，IDG资本、腾讯、高榕资本等注入了拼多多1.1亿美元融资。到2016年9月，拼多多与拼好货直接合并，黄峥出任拼多多董事长。

作为一种颠覆性的社交电商新模式，拼多多通过一种鼓励用户间分享与互动的低价模式抢占市场，在黄峥看来，拼多多并不是单纯地推广便宜货，而是激发消费者追求便宜的心理，这一招很快赢得了广大消费者的关注。拼多多有自己的成长逻辑和未来的发展空间，但超低价格的背后是假货泛滥和山寨货流行，这是拼多多和黄峥最为人诟病的地方，因此拼多多的股价一度起伏不定。2018年7月，拼多多在纳斯达克上市，市值288亿美元。上市后的拼多多展示出了无与伦比的强劲发展动力，但股价相对而言，仍旧不够稳定。

段永平对于拼多多的运营情况虽然不是非常了解，但认为其背后的商业逻辑非常清晰，于是果断进行了投资，成了拼多多的天使投资人（天使投资是风险投资的一种，是指自由投资者或非正式风险投资机构对那些原创项目构思、小型初创企业进行的一次性的前期投资）。在他看来，拼多多是一家好企业，黄峥更是一名非常优秀的创业者，有悟性，且喜欢关注事物发展的本质。

许多人将段永平的这次投资和当年投资网易相比，但段永平对此却并不认同，他在谈到自己对拼多多的看法时，显得有些谨慎："网易不同，我非常懂游戏，当时非常确定他们将来会赚很多钱，不知道的只是到底能赚多少。对拼多多来说，我目前依然不知道他们未来能不能赚到符合目前市值的利润。3年前我投拼多多时就不知道他们最终能不能赚钱，现在看了一下数据后依然不知道，但显然他们的影响力已经大多了。我现在觉得他们能做出来的机会比3年前大了许多。"

拼多多的发展曾经很不顺，很多人担心拼多多无法撑10年，段永平也察觉到了这种风险。2018年，他预测拼多多的股票有可能会在波动中跌破发行价，但有更大的可能是实现继续暴增。他觉得一时的风险算不了什么，重要的是整体发展趋势和未来的发展空间，只要长期能够保持战略增长就行。"投资就像打高尔夫，要是每一个球都打得很好，那就不好玩了。高尔夫主要是看整个成绩，而不是看某一个部分。大部分人更关注的是为什么你这一杆打得这么好，其实高尔夫计算的是所有挥杆环节的总分。"

段永平认为投资应该看重对企业的理解，而不是过分执着于股价波动。因为对那些伟大的公司来说，一时的价格波动和差别在10年后再来看，根本不是什么事儿，如果因为一点点价格波动就错过一家伟大的公司，简直就是太可惜了。像可口可乐公司、苹果公司、阿里巴巴、腾讯公司曾有过低谷，但是这些低谷并没有影响它们成长为巨头，所以在拼多多股价下跌的时候，他没有出售股票，而是强调自己还会继续找机会购买拼多多的股票。

不久之后，段永平再次购买了拼多多的股票，尽管这一次购买的价格比之前高出不少，但他表示自己好多年都没有这种购买股票的冲动和欲望了，有机会的话，他会尽可能多买入一些拼多多的股票。之所以有这样的想法，就是因为他相信拼多多的企业文化，并强调自己在未来10年时间内都不会出售拼多多的股票。

段永平对拼多多的投资具有重大意义，因为凭借段永平的个人魅力和影响力，拼多多将会获得更多的关注，这对于拼多多的融资和发展都至关重要。

第五章

巴菲特投资理念的忠实拥趸

巴菲特是段永平这一生中绕不开的一个名字，如果说40岁是段永平人生的分水岭，那么巴菲特就是打造这个分水岭的关键人物。可以说正是因为学习和参悟了巴菲特的投资理念，段永平才可以从容地从一个知名企业家转化为一个著名的投资者。在投资的过程中，段永平的大部分投资运用了巴菲特的投资理念。在他的投资中，无论是长期投资策略、价值分析、集中投资、坚持不亏损的原则还是具体的操作模式，都有巴菲特的影子，而且段永平还借助这些理念构建了自己的投资体系。虽然两人在具体的投资项目上有很大的不同，但是对巴氏投资理念的理解使得段永平成为华人圈中的投资大师，他也成了华人圈中巴氏投资理念的“代言人”。

价值投资：带着步步高系员工一起投资苹果

从事投资工作以来，段永平的投资回报率非常高，在短短五六年的时间里，其投资回报率并不亚于巴菲特。很多人建议段永平成立一家类似于伯克希尔·哈撒韦的投资公司，大家相信他完全有实力经营好自己的“伯克希尔·哈撒韦公司”。对于这个建议，段永平表示拒绝：一方面他认为自己并不能保证长期可以保持这样的投资状态和增长模式，毕竟像巴菲特这样保持几十年的辉煌履历是很难的；另一方面段永平更喜欢自主投资。他更倾向于自由的投资模式，因为他并不想将投资当成职业，毕竟职业意味着更多的责任，即他需要对其他股东负责。

组织结构的压力，股东的需求，基金框架的约束，这些让段永平感到不适应，因此他宁愿当一个自由投资者。实际上，段永平作为一个独立投资人也不纯粹，他自己虽然投资，但更多的时候是帮助别人投资。

他手上管理的用于投资的钱，大部分是别人的，都是朋友的账户，朋友们信任他，他也乐于帮忙，这与专业的投资机构是明显不同的。在接受媒体采访的时候，段永平这样谈论自己的投资模式："其实我是很随意的，我不会专门帮他们寻找一只股票，那就累了。我是一看这只股票便宜，忽然想起×××还有一个账号在那儿，然后查一查还有多少钱在里面，就买了这只股票，便扔在那儿。很多账号我半年都不进去一次。"一个正儿八经的投资人大概不会如此随意。看起来段永平似乎没有把投资当成一项必须完成的工作，然而一旦遇到好的企业和投资机会，他就会毫不犹豫地出手。

2011年1月，段永平准备购入苹果公司的股票，当时，苹果公司的股价约为47美元，这样的股价在当时算是很高的了，很多人认为苹果的股价迟早会下跌，或者说没有太大的上升空间，就连股神巴菲特也对苹果公司不感冒。段永平在2016年开始购入苹果公司的股票。

大家的担心不无道理：乔布斯身患癌症（2011年10月去世），正在考虑将掌门人的位子传给库克。而库克是做营销出身的，在技术和创新领域肯定比不上乔布斯，公司未来的走向并不明朗，说不定苹果公司的股价会直线下滑，营收与市场占有率会遭遇重创。但是对于段永平来说，自己盯上苹果已经多年了，一直跃跃欲试，只是没有认真分析过苹果公司的价值和发展，所以才没有动手。有一次，一个博友问他如何判定股价是否便宜，段永平谈到了苹果公司的市值和股价：如果你觉得苹果公司值5,000亿美元的话，那3,000亿美元就是便宜，虽然它曾经只有50

亿美元的市值。

这个例子有没有说服博友，我们并不知道，但段永平却被这个例子吸引了。他反复思考了几天，意识到苹果公司的价值还是被低估了。面对大家的质疑，段永平给出了自己的解释，对苹果公司做了非常明确的分析：

> 第一，苹果公司的产品把用户体验或消费者导向做到极致，尤其是iPhone4和iPad给用户带来了前所未有的体验，吸引了一群忠实的消费者。在很长一段时间内，苹果公司的产品都是最热销的，“果粉们”通宵排队买手机的画面令人感到不可思议，这显示出苹果公司与众不同的吸引力。
>
> 第二，苹果公司拥有完整的生态，推行单一产品的模式（产品的开发成本低，质量能得到保证），制造了产品的稀缺性，使得苹果公司形成了强大的护城河，并且拥有强大的定价权（苹果手机的利润是最高的）。依靠苹果公司开发的移动操作系统iOS系统，苹果公司旗下的相关产品具备强大的应用软件整合能力，它们在市场上很难被打败。
>
> 第三，苹果公司非常善于营销，尤其是每年举办的新产品发布会，几乎赢得了全世界的关注，这样就产生了强大的广告效应，而且可以有效地控制广告费用。在这个不断成长的行业中，苹果公司无疑是最受消费者关注的。
>
> 第四，苹果公司的新任CEO库克是一个很好的营销者，他更加

理性，更加懂得如何契合市场，推动苹果的企业文化不断完善。

投资需要关注的要素很多，除了常见的竞争优势、商业模式、管理层之外，段永平还谈到了另一个要素：利润之上的追求。简单来说，就是企业必须有更高的追求，不能仅仅将获取利润作为唯一的目标和动力。即便是创业，也要有利润之上的追求。段永平曾经说过："我当年去中山工作有一个很重要的原因是自己喜欢玩游戏，现在回想起来当时这个决定对我后来的影响是非常大的。投身到创业公司的道理也一样，至少你想投身的这家创业公司一定要有什么东西特别触动你才行，要知道创业的过程是非常艰难的，没有利润以外的追求很难走远。我确实看到过一些人进入创业公司是因为创业公司会给期权，但那种东西对没价值的公司而言一点用都没有。"

段永平发现，苹果公司拥有非常好的企业文化，其内部的创新文化在世界上首屈一指，企业始终强调技术创新，将造福人们生活、改变人们生活方式作为企业发展更重要的目标，这就使得企业拥有一个更加光明的未来和更加持久的发展空间。

经过一系列分析，段永平认为苹果公司是一家有潜力的优质公司，且已经处在一个正确的跑道上，即便没有出色的管理者，也会发展得非常好。于是，他做出了大胆预测：未来，苹果公司的股价有可能涨到600美元的估值。他有自己的估算方式，认为苹果的盈利在两到三年内大概就可以翻倍，达到每股40~50美元/年（当时的盈利能力大概在每股25~26美元/年），再加上那时每股现金有100多美元，股价600美元完全合理。正因为如此，他自信地表示苹果公司可能会成为世界上第一家年利润超过500亿美元的公司，将来也会是第一家市值过亿美元的公司。

作为一名成熟的投资者，段永平将之前在股市中挣到的钱投入苹果公司，不仅如此，他还拉着步步高系企业的员工一起购买苹果公司的股票。按照他的话来说，就是“一边学习苹果做产品，一边买苹果股票，让苹果帮你们赚几次钱”。听起来有些不可思议，要知道此时的步步高系企业已经有了自己的手机产品，可以说与苹果公司有直接的竞争关系，为什么段永平还要让员工购买苹果公司的股票？这样做不是很容易提升苹果的竞争优势，贬低自己的竞争能力吗？

2017年初，在步步高系企业OPPO和vivo风头正劲的关口，网上开始出现了段永平扬言干掉苹果的文章。对此，段永平干脆发了一篇《我也是苹果股东》的博文，直言：“我要觉得我们能干倒苹果，我怎么会买苹果股票呢？我肯定不会说这话的！”这样的解释让人感到吃惊，毕竟作为OPPO和vivo幕后的大股东，为自己的竞争对手苹果公司叫好，无疑犯了大忌，甚至会引发信任危机，但段永平毫不在意。

别人无法猜测段永平是否考虑到那么多因素，但仅仅从投资的角度来说，购入苹果股票的确是一个稳赚不赔的买卖。事实也如此，2019年12月31日，苹果股价达到一个高峰，市值直接超过了13,000亿美元。短短八九年的时间，段永平的预测便成为现实，他也因此赚得盆满钵满。

只要细心观察，你就会发现段永平的这拨投资不仅是典型的价值投资，还是一次高水准的投资，因为从苹果公司2016—2020年这5年的发展来看，其销售毛利率基本保持在37%以上，销售净利率保持在20%以上，总资产收益率近5年保持在13%，净资产收益率则保持在36%以上。这些财务指标表明段永平对苹果公司价值评估的准确性，也验证了价值投资理论的适用性。

作为一个坚定的价值投资者，段永平始终坚持巴菲特的那一套投资理论。普通的投资者在投资时喜欢看标的公司的K线图，或者盯着公司的财报，段永平在投资的时候虽然也关心企业的利润和成本，但是他最关心的还是企业本身的价值。除了最基本的财务指标之外，他重点关注的是管理层和相关的业务资料，以了解企业基本信息，然后再找一个律师评估其潜在的收益和风险。

比如，很多人认为购入一家公司的股票必须要了解这些股票的价格，段永平虽然也会关注价格，但是绝对不会因为价格的高低而影响他对企业的判断。在他看来，是否值得投资一定要看重企业的内在价值，而不是过分看重股票价格。他向投资者提出了忠告："无论什么时候卖都不要和买的成本联系起来。该卖的理由可能有很多，唯一不该用的理由就是'我已经赚钱了'。不然的话，就很容易把好不容易找到的好公司以便宜的价钱卖了。买的时候也一样，买的理由可以有很多，但这只股票曾经到过什么价位最好不要作为你买的理由。"

不仅仅是苹果公司，段永平在投资其他企业时，也会将价值分析作为考虑的第一要素，一家企业如果有很高的内在价值，拥有非常好的发展空间，段永平就会选择购入。多年来，他始终坚持“买股票就是买公司”的原则，那么如何买公司呢？这就要看公司的商业模式，类似于苹果公司这种占据行业主导地位，拥有定价权，且具有技术优势和品牌优势等护城河的企业，往往具有完善而高效的商业模式，可以在很长时间内保持强大的营收能力。而这种营收能力可以重点体现在未来现金流折现。简单来说，买一家公司最重要的一点就是买公司未来现金流折现。

段永平认为，是不是价值投资，最重要的一点就是看投资者是不是在买未来现金流折现。他之前见到很多人购买股票时都没有关注未来现金流折现，反而关注其他的概念和要素，对此他觉得有些偏离了，一个真正能看懂公司的人，往往能够看懂这家公司的未来现金流折现。当然，他不喜欢套用那些所谓的未来现金流折现计算公式，因为公式中的相关变量都是不确定的，甚至可能是不靠谱的，而投资者真正应该做的是将未来现金流折现当成一种思维方式。

总的来说，与之前的投资不一样，段永平对于苹果公司的成功投资，表明他已经拥有相对成熟的投资理念。鉴于段永平对于巴菲特的投资理论基本掌握到位，他被称为“中国巴菲特”不是没有道理。

市场上的集中投资践行者

坊间流传着这样一则故事。有一天，巴菲特的私人飞行员迈克·弗林特向巴菲特请教：如何才能拥有一个“巴菲特式”的投资生涯。巴菲特没有直接给出答案，而是让迈克·弗林特写下自认为最重要的25个目标。迈克·弗林特想了几天，将目标全部罗列出来，好不容易删减到25个，巴菲特又让他从中选出5个最重要的目标。

迈克·弗林特疑虑重重，但还是理出5个最重要的目标。之后，巴菲特又要求对方将最初制定的25个目标与筛选后的5个目标进行对比，然后说道：“你现在知道自己应该怎么做了吧？”迈克·弗林特点点头：“我知道了，从现在开始，我重点实现这5个目标，另外的20个目标，并不那么紧急，我会在闲暇时间去做这些事，然后想办法慢慢实现。”

巴菲特摇着头说道：“不，弗林特，你错了。那些你没有重点挑出来的20个目标，不是你应该在闲暇时间慢慢完成的事情，而是你应该尽量避免去做的事情。你应该躲避它们，就像躲避瘟疫一样，最好不要为它们花费任何时间和注意力。”

这则故事传递出巴菲特投资理念中的一个基本概念：集中投资。简单来说，就是集中个人的资源和精力，投资极少数自己有把握且具有很高回报率的标的公司，这种投资模式的优势在于能够确保在回报率最大的项目上获得最高的收益。与集中投资相对应的就是多元化的投资模式，许多人喜欢多元化，并将多元化作为投资的基本模式。在他们看来，多元化投资是降低风险的一种重要策略，将资本分散到不同的项目，就不容易被单一的失败投资拖垮，毕竟资金额越分散，风险系数也就会越低。

段永平一直反对多元化投资。在他看来，多元化投资根本站不住脚。2010年，段永平在接受采访的时候就表示：“我从头到尾真正投资过的公司最多五六家，卖掉了一些，我持有的公司一般在三家左右。巴菲特的伯克希尔·哈撒韦一千多亿美元市值，也才投十多家。我不怕集中，我不是一般地集中，我是绝对地集中。”虽然他在后来又增加了一些投资，但总体上并不多，而且有很多股票卖了，比如很多投资者会在A股中挖掘多个标的，相比之下，段永平非常挑剔，他会花费很长时间进行分析和筛选，找到最看好的公司。正因为如此，茅台是国内众多A股企业中唯一一家被段永平看中的，由此可见他对自己的投资是多么的挑剔和集中。

这种挑剔体现在两方面：

首先，寻求自己熟悉和了解的项目，确保标的在自己的能力界限范围内。市场上有很多优秀的公司，但并不是所有的公司都适合段永平：一方面是因为个人能力有限，包括专业能力以及资本能力，他不希望投资一些能力以外的标的，因此他会与一些行业或者企业保持距离；另一个方面，段永平对于很多公司的相关问题摸索得不是很清楚，即便是一家好公司，他也会谨慎行事，比如A股有很多盈利不错的企业，公司的现金流也不错，但是它们的经营方式让人看不懂，如何将钱花出去也没有一个清晰的规划，他不敢轻易尝试投资这样的企业。段永平一直强调投资的安全边际，其实这也是集中投资的一种方式，对于自己不了解的东西，尽量保持一个安全距离，仅就这一点，就会将很多不错的企业排除在外。多年来，段永平投资的项目非常少，就是因为他并没有像其他人那样“乐观”投资，而是按照自己的思路进行分析，如果没有找到具备长期实现价值增长能力的企业，他宁愿什么也不做。

其次，寻找一个高价值的企业，简单来说就是找到一个长期回报率高的企业，这也是价值投资的基础。那些真正具备高回报的企业通常很少，具备长期高回报的企业更是可遇不可求。一般来说，要想挖掘值得投资的好企业，需要花费很长一段时间进行筛选和分析。巴菲特曾经说过，自己曾花费数年时间寻找一个合适的机会。在他们看来，好的公司越来越难以找到，必须花费更多的时间去搜寻和分析。芒格也是如此，他在投资上从来不会盲目和冒险。

与巴菲特一样，段永平认为，投资越是保持多元化，就越有可能遭遇亏损，这几乎是投资的一个基本规律。“投资多元化是一个伪命题，所谓的投资多元化指的是理财，它和投资是两种不同的游戏。理财是鸡蛋太多，放进不同的篮子里，通过盈亏平衡达到保值的目的。而对于投资而言，一旦认准了好的篮子，就不存在鸡蛋太多的问题。”

要理解这个观点很容易，假设某个项目的投资回报率常年维持在16%左右，那么投资者完全可以将100万元的可支配资金投入这个项目。如果将其划分到5个项目中，项目的年均回报率分别是9%、9%、8%、8%和7%，那么整体的收益肯定要比将100万元全部投入回报率为16%的项目要低。对于投资者来说，真正担心的问题是安全，在多数人的潜意识中，将资产分摊在不同的地方就可以保证安全性，这对资产管理或者理财来说具有一定的意义，但对于投资来说，也许情况并非如此。很多人会将项目投资与资产管理等同起来，其实两者是不同的概念，资产管理包含投资，还包括储蓄、房产、保险、国债、股票等诸多方面的内容，一个家庭的资产应该保持必要的均衡性与多元化，从而抵御风险。但是对于投资者来说，最重要的是如何获取更多的收益，安全性虽然也必须考虑，但是对于那些真正能够挣到钱的大项目而言，安全性可能要比高回报率的投资项目更重要。10年前投资苹果公司的人，20年前投资阿里巴巴网络技术有限公司的人，30年前投资可口可乐公司的人，这些人的投资收益颇丰。反观多数股民在投资上走多元化道路，结果投资越多亏损越大。只要有很大的把握确定该项目长期回报率达到16%左右，那么就没有必要搞多元化投资。

比如2019年，高瓴资本创始人张磊不顾合伙人的劝阻，直接清空了高瓴资本持有的蔚来、小鹏、理想等造车新秀的股票，引起了内部震动。很多人觉得张磊过于疯狂了，毕竟那几家公司的发展势头都非常好，没有清空的理由。张磊承认那几家公司也算优秀，但是当它们碰上比亚迪的时候就逊色不少了。张磊清空那些股份的目的是为了全力投资比亚迪。他投资了比亚迪约2.3亿美元，到了2021年初，他继续投资2亿美元给比亚迪，这些投资在2021年8月的时候，已经带来了超过5倍的回报。

对真正善于投资的人来说，集中投资那些回报率较高的企业，几乎是不需要做任何考虑的事情，段永平也是这样的人。投资多年，段永平一直都在寻找好的篮子，从来不担心篮子里的鸡蛋会不会太多。把钱投资到其他不那么赚钱的公司，在逻辑上就是错乱的，只要有了好的篮子，他就会毫不犹豫地将所有的鸡蛋全部放入这个篮子。比如他在投资网易公司时，将自己所有的资金以及借来的钱全部投了进去；投资苹果公司时，他又将之前一年的全部收入用于购买苹果股票。有人质疑他冒险，但是他觉得这样的好机会非常难得，错过了就不太可能有第二次机会。对他来说，把钱投在高价值的企业身上，本身就是一件非常稳妥的事情。段永平认为，人的一辈子只要把握住少数的几次甚至一次机会就可以了。在这一方面，他师承巴菲特。巴菲特数次把100%的钱投入自己看中的项目。若是拿不准，就不要投资，避免集中投资带来的集中亏损。

集中投资通常还要与长期投资相结合，这样才能真正保证集中投资的回报。毕竟市场会产生波动，很多投资在缺乏耐心的情况下可能会做出错误的选择。比如段永平的很多投资都是下行的，购入股票之后，股价在一段时间内仍处于下跌状态，如果缺乏长期投资的经验和耐心，可能会选择抛售，这时集中投资就是一种伤害。比如很多投资者集中投了200万元到某个企业上，之前一段时间的价格为每股600元，入手时价格为每股500元，可是购入股票之后，股价一直下跌到480元，之后又跌到450元，还有继续下跌的趋势，于是投资者因为恐惧而选择卖出。可事实上，这是一只潜力股，等到出手之后，价格快速上升到600元，一年之后，上涨到800元、1,000元。从长远来看，集中投资具有很大的优势，可是如果只看重一时的波动，那么很可能会因为缺乏耐心而导致大规模的亏损。

需要注意的是，集中投资并不意味着只投资一个项目，而是集中投资一个或者少数几个项目，即便是最集中的投资者也不太可能只投资一个公司，很多优秀的投资人会选择打造一个集中化的投资组合，这也是确保收益与安全性达到平衡的方法。

选择合适的机会进行操作

在谈到风险的时候，许多人会想到评估证券系统性风险的工具Beta指标，这个指标用于度量一种证券或一个投资组合相对总体市场的波动性。对此，股神巴菲特曾经说过这样一段话，“学术界对于风险的定义实在是有点离谱，甚至于有点荒谬，举例来说，根据Beta理论，若是有一种股票的价格相对于大盘下跌的幅度更高，就像是我们在1973年买进《华盛顿邮报》股票时一样，其风险远比原来高股价时还要高，如果哪天有人愿意以极低的价格把整家公司卖给你，你是否也会认为这样的风险太高，而予以拒绝呢？事实上，真正的投资人喜欢波动都还来不及，格雷厄姆在《聪明的投资者》一书的第八章中有所解释，他引用了‘市场先生’理论，‘市场先生’每天都会出现在你面前，只要你愿意随时可以从他那里买进或卖出你的投资，只要他老兄越沮丧，投资人拥有的投资机会也就越多。这是由于市场波动的幅度越大，一些超低的价格就越有机会出现在一些好公司身上，很难想象这种低价的优惠会被投资人视为对其有害。对于投资人来说，你完全可以无视它的存在或是好好地利用这种愚蠢的行为。”

股价下跌往往会引发投机者的恐慌，他们担心股价下跌会对当前收益造成影响，并且担心股价下跌是否意味着公司出了大问题，他们会对企业的真实价值产生怀疑，在通常情况下会选择立即撤资。但对真正的投资者来说，股价下跌并不是太大的风险，反而意味着一个更好的投资机会，尤其是对那些优秀的公司来说，投资者会看重未来，会认为股价下跌是继续追加投资（购入股票）的好机会。他们不会理会股价的波动，就像一个价值为2元钱的东西，人们花1元钱买下来，根本不需要考虑太多，只要确信这个东西真的值2元钱，那么生意就是稳赚不赔的，即便有波动，未来还是会上涨。

对投资者来说，只要找到高价值的企业，那么就可以忽略股价的波动，不过想要确保更高的投资回报率，应该想办法寻找合适的投资时机，包括选择买入和卖出的时机，合适的时机往往意味着更高的回报。

比如段永平在购买通用电气公司（GE）的股票的时候，GE的股票已经跌破10美元，雷曼和美国国际集团（AIG）等与次贷业务相关的公司已经到了破产边缘，关于GE的负面消息越来越多，整个华尔街都在盛传GE即将破产倒闭。

情况似乎很不利，但段永平认为GE是一家好公司，投资者完全可以承受它的股价波动，不过他还是进行了估值。而在估值的时候，段永平并没有计算企业未来利润的折现。对此，他坦言自己并不是不计算，而是意识到它无法被精确计算之后，干脆选择了一种更简单的估值方式。

当时，他做了一个简单的设想：由于GE股票跌到10元以下（最低破6元了），那么当GE恢复之后至少能赚差不多2元钱。假设能赚1.5元，那么就将市盈率设置为15倍，这样就可以获得不错的收益了。

经过分析，段永平认为购买GE股票并不会亏损，于是购入了少量GE的股票进行观察，而没有大量购入。当GE股价跌到9元的时候，GE的CEO向公众致歉，认为自己破坏了公司的形象，并表示GE未来几年内将会调整其业务结构，确保财务公司在整个公司中的比例降到30%以下。

意识到时机已经成熟，段永平开始不断买入GE股票，哪怕股价一直跌到6美元，他也不断购入。跌入低谷后，GE股票开始上涨，他则继续购入，直到GE股票的股价比雅虎公司的股价还要高，他才停止购入。

在这次投资中，段永平进一步验证了一种观点：一家优秀的公司，也会存在股价的波动，也会犯错，但是它在波动后能够恢复过来。真正要注意的是，人们必须坚信这一点，寻找合适的买入时机，并保持良好的耐力等待优秀公司的股价回升。

很多人知晓巴菲特的投资理论，也刻意模仿巴菲特的投资模式，但多年来很少有人能够真正获得成功，很大一部分原因是多数人并没有真正看透巴菲特理念的精髓，就像人们对投资机会的把握一样，缺乏一个正确的认识。有的人单纯关注价值，而忽略了价格的影响，认为只要是一家好的公司就可以全力购买股票。可从现实的角度来看，很多优秀的公司只有微利（或许还会发展），但是利润空间已经被压缩了，像可口可乐公司、伯克希尔·哈撒韦公司、苹果公司，仍旧是伟大的公司。对于多数投资者来说，继续持有它们的股票没有问题（很早以前就购买了股票），但在2021年或者2022年选择购买它们的股票，其实并不算合理，人们完全可以找到比这些投资回报更大的标的。

低买高卖是最基本的投资原则，在高位上入手并不是一种好的选择，当然，还有一部分人则会过分看重价格因素，认为自己应该把握住抄底的机会，而这种心态可能会让他们错失更多的好机会。就像一只优质股票从高位的200元跌到150元时，很多人选择的不是继续入手，而是想着能否等到跌到120元才入手，结果很多人没有等来120元的低谷，而是眼睁睁地看着股价重新上涨了，失去了最佳的入手机会。

段永平不喜欢那种动不动就抄底的模式，因为何时见底一直都是个大问题，他觉得股票下跌是一个追加投资的机会，如果股票跌到底，那么接下来就会上涨，这个时候自己就无法买到更多的股票了。所以成功的投资者往往会一路跌一路买，这样才有机会获得更多便宜的筹码。比如，段永平曾经非常看好万科的股票，一直都想抄底，虽然最后抄底成功，可是随着股价的上涨，也没有继续入手了，结果导致投资的规模远远低于之前的规划，错失了赚到更多钱的机会。

除了购买GE股票之外，段永平的很多投资是在一个合适的价位上买入，然后随着股价不断下跌而不断地增加购买量。2021年8月4日，段永平突然在个人的雪球（一个投资者的社交网络）账号“大道无形我有型”中发布了一条重要的信息：“今天买了点腾讯控股，再跌再多买些。”段永平的消息在业内引发热议，大家都对他此时的出手时机进行了分析。首先，这一段时间，腾讯控股股票市盈率为20.7倍，处于近10年最低水平。其次，2021年8月3日，官媒《经济参考报》发表了名为《“精神鸦片”竟长成数千亿产业》的文章，直接将网络游戏比作“精神鸦片”，报纸还直接点名批评了《王者荣耀》游戏。处在舆论风暴中心的腾讯公司股价应声大跌至456.8港元，距离773港元的高点下跌了40%左右。而到7月腾讯股票在跌至555.5港元时，段永平曾表达了关注，认为这样的波动在10年后看来根本无足轻重。

选择在这样一个时机购入腾讯股票，显示出段永平一贯以来的作风与投资理念：选择那些商业模式与企业文化都很不错的价值股，然后以合理的价格买入（合适的时机）。如果把时间往前调整，你就会发现，其实段永平很早就对腾讯产生了兴趣，2010年的时候，他曾表示腾讯是一家非常不错的公司，只不过自己错过了最佳的投资时间。2018年，腾讯股价跌了40%，直接从475港元跌至251港元。段永平尝试性地购入了少量腾讯股票，而那个时候，他更加看好自己能够看懂的苹果公司。不久，腾讯股价迅速反弹，并且逐步达到最高的773港元，段永平错失了更好的机会。2021年8月所发生的一些情况和2018年有一些类似，股价大跌40%，他觉得投资的最佳机会又来了，于是果断出手。

作为一个真正的价值投资者，段永平懂得如何确保在投资安全的基础上实现利益最大化。他善于利用自己的知识储备和经验，挖掘那些高价值的企业，然后灵活运用巴菲特的投资理念。比如很多人做投资时知道应当坚持“低买高抛”的原则，但是什么时候是低，什么时候是高，很多人搞不清楚，加之市场具有不可预测性，要想找到最佳的出手点很难，即便是顶级投资者也无法准确预测什么时候会出现最低价，什么时候会出现最高价。与其等一个不可捉摸的价格，还不如在估值之后，选择一个较为合适的价格入手，先购入少量股票进行测试。对于多数投资者而言，若想真正把握高低，就要给自己设置一个大致的区间值，而不是一个具体的数字。

比如，段永平曾购入创维股票。当时创维集团有限公司经历了创始人反目成仇以及官司影响，股价大跌，甚至跌到1港元以下。段永平在1港元左右购入创维股票，而当时有很多人还在观望，一些之前购买了股票的人也选择退出，他们觉得创维股票还会继续下跌。之后3年股价不断下跌，创维的股价一直很低，最低的时候只有0.29元，价值被严重低估了。段永平并不放在心上，股价后来慢慢上涨，从1港元涨到3港元，之后涨到5港元、10港元，在这种良好的上涨势头中，段永平却选择慢慢减少持股。很多人表示不理解，明明股价一直上涨，为什么要着急出售呢？完全可以等到涨得更高一些再出售。段永平认为创维的股价肯定还会继续上涨，但是涨幅不会太大，自己没有把握可以准确估算创维的价值，还是适可而止。至于继续增长的那一部分价值，让其他更了解创维的投资者去挣吧。2011年，段永平将持有的创维公司5%的股票，以5~10元的价格陆续卖出。直到2021年8月5日，创维的股价只有8.4元左右。

在对时机的把握上，段永平有自己的见解，那就是：不贪婪，只要价钱合适，他就会选择买进或者卖出，而不是刻意去等待一个更加理想的价位。这一点他和巴菲特一样，他们一直都在寻找合适的标的，等待一个合适的投资时机，在整个投资过程中，会留有余地，尽量避免让自己承担较大的风险。

拿着时间宝典的投资者

在巴菲特的投资理念中，最重要也是最根本的一种投资就是长期投资。它是巴菲特投资理念的核心。有人将巴菲特长期持有股票的模式视为四维思维。

比如，格雷厄姆发现了股票盈利空间与价格之间就是一种二维关系，认为价格越低，盈利空间越大。他建议人们选择那些廉价的股票。但很多价格很低的股票本身没有价值，所谓的股票盈利空间也不存在，巴菲特在了解这一点后，又加入了价值要素，打造了一个三维体系，他认为一个投资者应该购买那些价值很高但价格合理的股票，这样一来，才能获得更高的盈利。后来芒格指出了巴菲特理论中的一些缺陷，认为仅仅高价值还不够，还要具备长期的发展空间，毕竟很多高价值的股票只能维持短时间的发展优势，从长远来看，发展却非常糟糕，因此巴菲特将时间纳入原有三维体系中，认为一只具备盈利空间的股票，应该价格合理、价值很高、具备长期发展优势。

段永平也认同长期投资理念。依他之见，很多短线投资本质上是一种投机，长期投资才是真正高效的投资模式，因此一项成功的投资就是找到一家最好的公司，然后将钱投进去，利用时间复利来获得不菲的收益。复利其实是一种利滚利的形式，假设某个项目的投资成本是100万元，投资期限为10年，每一年的回报率是10%，那么人们可以有两种投资选择，第一种就是每年取出净收益。这样一来，每年的净收益为10万元，10年的总收益为100万元。

第二种投资方式是将每一年的净收益计入下一年度的本金投入当中，10年的总收入为：100×（1+10%）^10 =259.374万元，扣除成本后的净收益为159.374万元。很明显，依靠复利在10年里多赚了59.374万元。

在段永平的投资中，他基本上是依靠长期投资的复利原则盈利的。在他看来，一家好的公司的股票就应该长期持有，没有理由在短时间内出售，而其中一个具有代表性的投资就是贵州茅台酒股份有限公司（简称茅台）。段永平对茅台非常看好，早就想购入茅台的股票了。2012年，受塑化剂事件的影响，茅台股价跌到180多元。段永平看到时机成熟，果断出手买入一些茅台股票。2013年，段永平将茅台送检，结果查出其中一瓶酒的塑化剂超标一倍，另外两瓶正常。送检事件导致茅台股价不断下跌，当时外界传言段永平可能会联合境外资金做空茅台，但是段永平自己站出来进行了说明。他说自己送检只是为了验证茅台不会主动添加塑化剂，从而确保自己可以增持茅台股份。因为在2012年11月，各大机构就针对塑化剂问题进行检测，但是这些机构出具的检测报告结果不一样。段永平认为塑化剂问题可能只是个例，与制造工艺和环境有关，这与主动添加塑化剂的性质是完全不同的。

有人认为段永平送检茅台的目的是为自己增持茅台的股票进行排雷，看看市场对于塑化剂事件的反应。段永平非常聪明，提前做了预防措施。验证之后，段永平意识到这笔投资是安全的，便大量购买茅台股票，虽然在买入之后股价不断下跌，最低跌到118元，但段永平非常高兴，不断买入和加仓，并且准备长期持有。

段永平认为像茅台这种有独特企业文化且商业模式很好的优质股，只要价格合适，就可以购买，不用刻意等到它变得很便宜才出手。他告诫投资者要从长远考虑，如果愿意从10年以上的角度看待这样的投资，那么130元或者160元，又或者200元的股价其实没有太大的差别。

2020年，段永平与网友们分享了自己对投资的看法，其中包括对投资茅台的想法。“假设有人按今天的价钱把整个茅台股票变现，将变现收入全部存进银行，我觉得未来10年，他能收到的利息总和大概率会低于茅台本身经营所带来的净现金流总和。至于股价会怎么走是没人知道的。”

“我不想也不能推荐任何人买任何股票，因为投资是和你自己的机会成本密切相关的事情。当然，如果你有10年都用不上的闲钱放在银行里，10年后，你可能会发现当年还不如买茅台股票呢，至少现在往回看是如此。”

段永平不止一次强调茅台是一家好企业，自己10年内不可能出售茅台的股票。为什么段永平如此看好茅台呢？最重要的就是因为茅台具有出色的企业文化和商业模式，企业的基本面信息也很不错，完全符合价值投资的标准。比如，茅台具有高毛利率、高净资产收益率和高盈利三大优势。公司近5年毛利率始终保持在89%以上，净资产收益率保持在24%以上。以最近5年为例，比如茅台的销售毛利率2016年为91.23%，2017年为89.80%，2018年为91.14%，2019年为91.30%，2020年（三季度）为91.33%；销售净利率2016年为46.14%，2017年为49.82%，2018年为51.37%，2019年为51.47%，2020年（三季度）为53.34%；总资产收益率2016年为18.00%，2017年为23.44%，2018年为25.69%，2019年为25.65%，2020年（三季度）为19.50%；净资产收益率2016年为24.44%，2017年为32.95%，2018年为34.46%，2019年为33.09%，2020年（三季度）为23.20%。

从商业模式来说，贵州茅台是全球范围的特色高端白酒稀缺品牌，在国内更是白酒以及酒行业内的龙头公司。作为一款高档用酒，茅台具有很强的竞争优势，且拥有一条强大的护城河，最明显的例子就是它的消费对象是高收入、高消费群体，且具备自主定价权，在市场上拥有很大的主动权。加之白酒大都按照年份定价，品牌价值加上年份，无疑增加了白酒的竞争力。在这方面，茅台酒具有很大的优势，无论是品牌价值还是年份时间，都是国内数一数二的。

还有就是企业文化，相比于国内其他白酒品牌，茅台始终追求极致的酿酒工艺，多年来一直严格要求自己，这就使得它经得起市场的考验。事实上，茅台酒有着悠久的历史。在1978年，酒厂只是一家300人的作坊式小厂，年产量200多吨，每年亏损几万元，只能勉强维持。1988年，一纸国宴禁止使用烈性酒的公文，直接让白酒进入寒冬。为了生存下去，茅台酒厂选择收缩产能，并依靠精益求精的酿酒文化活了下来。1996年，茅台制酒工艺被列入国家机密，这是对茅台酒文化的一种尊重和保护。不过由于茅台酒被关注度不高，直到2006年茅台的市值也不到五粮液的一半（虽然净利润超过了五粮液）。之后，茅台酒厂不断发展和扩张，2012年，茅台的市值追上五粮液，而这成为茅台发展史上的一个转折点。在那之后，它在白酒行业快速发展，一骑绝尘，远远甩开了所有对手，逐步攀升到A股第一的位置。

2018年，茅台的市值首次超越了路易威登，成了世界上最大的奢侈品品牌。为了确保自己的长期投资策略能够实施，段永平从来不给自己设置回报期。在他看来，投资回报本来就和预期无关，对投资者而言，投资过程比结果更重要，只要过程对了，结果自然就会朝好的方向发展，所以他不打算抛售茅台的股票。截至2021年8月5日，茅台的股价达到1,699元，与段永平最初入手的价格相比，翻了9倍以上，加上复利的效应，段永平手中的股票价值不菲。

长期投资理念有效放大了时间的作用，不过段永平认为长期投资的前提还是价值投资，只有投资那些具备高价值的优秀企业，有了足够的回报率，长期投资策略才会起效。最基本的一点就是长期投资的年收益必须跑赢银行存款利息，长期投资回报至少要跑赢通胀或国债利率，这样才能保证购买力不会下降，当然，段永平认为如果比黄金的长期投资收益还要高，那就更加理想了。在他看来，平均每年15%以上的回报就非常不错了。但是很多投资者却有着投机思维，巴不得每年可以获得几倍、几十倍的收益。这是不切实际的，只会误导人们做出错误的投资选择。

段永平曾谈到中国投资者的一些弊端，他认为中国的很多普通投资者对价值投资没有概念，在投资时常常抱着投机的心态，他们甚至不清楚自己买的是什么，每天都在关注自己应该怎么操作，常常会因为选择了错误的股票而被套牢，最终只能用“长期投资”的理念来自我安慰。段永平认为很多投资者就是被这种似是而非的长期投资给拖垮的，因为他们本身没有选择一个真正高价值的企业，错误的企业搭配上长期投资策略，损失自然会越来越多。

坚持按照自己的理解进行投资

很多人对段永平的理解往往停留在“巴菲特门徒”的层面上，在他们看来，段永平就是巴菲特的翻版或者是小号的巴菲特，他的一切都在跟随巴菲特。这种认知非常片面，主要体现在两点上：首先，段永平投资过很多巴菲特不看好的企业，而且获得了不错的收益；其次，巴菲特的门徒有很多，国内也不少，但段永平绝对是最好的巴氏投资理念传承者之一。

如果进行一番分析，就会发现，段永平对于巴菲特的很多理念和投资很认同，但他并不觉得其中一些投资适合自己，他也从来没有打算跟着巴菲特的脚步进行投资。在投资方面，他认同并且善于运用巴菲特的理念，但这并不意味着他事事跟随巴菲特，尤其在具体的投资选择上，段永平有自己的主见。

比如在2020年，由于苹果公司的股价下跌，巴菲特出售了部分苹果公司的股票，此举引发了伯克希尔·哈撒韦公司的震动。段永平对此也表示不理解，他在苹果的投资上，比巴菲特要更加坚决，持股的时间要更长久。

又比如巴菲特不喜欢投资互联网公司。他认为互联网公司的泡沫很大，盈利模式根本看不懂，风险很大。相比之下，段永平对互联网公司没有那么排斥，他认为互联网本身并不属于泡沫："这个东西我们天天在用，怎么会是泡沫呢？"他很早就主动接触新浪、网易、搜狐和联众等互联网公司，了解相关的情况，他还和互联网公司的CEO一起吃过饭，甚至购买了一些股票。他非常看好一些盈利不错的互联网公司，无论是网易、拼多多，还是腾讯，段永平都展示出极大的投资热情。他对阿里巴巴也非常看好，只不过是因为阿里的一些业务他看不懂，才没有投资。

另外，段永平对巴菲特的一些投资也表示看不懂，他从来不强迫自己在具体的投资上跟随巴菲特。有一次，巴菲特投了一家公司，而且资金投入量很大。很多人问段永平为什么不跟进。段永平觉得这只股票不适合自己。很快，巴菲特投资的股票涨了50%，别人问段永平着不着急，他平淡地说自己为什么要着急。在他看来，自己不懂这家公司，也看不懂它的价值，所以没有必要冒险投资，更不会因此而后悔。

反观一些投资者，经常关注巴菲特准备买什么股票，会跟着巴菲特进行投资，但很少有人会坚持到底。在近几年的伯克希尔·哈撒韦公司股东大会上，很多人都会谈到中国市场的投资机会，会询问什么项目适合投资，巴菲特常以“我不知道”“无可奉告”之类的话“带”过，有人觉得巴菲特故意不肯透露信息，其实这种观点非常片面，一方面巴菲特代表了伯克希尔·哈撒韦公司全体股东的利益，他没有任何理由告诉外人“什么项目适合投资”；另一方面，即便巴菲特告知别人应该投资什么，其他人也未必可以驾驭。

很多投资者缺乏独立的投资思维，可能90%以上的人不具备独立投资能力，跟风投资变成了他们最常用的手段。之所以跟风，就是因为多数人不具备投资的能力，专业知识匮乏，没有投资的经验，甚至没有一个稳定的投资模式（今天学这个，明天学那个）。他们对于自己的投资本身就缺乏信心，只能寄希望于大多数人的选择，但时间证明跟风投资者容易成为接盘者，这一点在股市中最为明显。

除了跟随投资大师的脚步之外，还有一种常见的现象就是听从所谓的专家、权威人士和一些投资咨询人士的建议，很多人尤其喜欢根据投资助理的想法行事，并认为这是一种稳妥的办法，毕竟自己支付了不菲的报酬。但是很多提供投资帮助的人不会真正给出实质性的建议。早在2008年，巴菲特在致股东的信中就特别谈到了投资助理的问题，他认为很多人相信并乐于倾听“投资助理”的建议，实际上是将自己推向一种糟糕的境地。“很自然地，每个人都期望收益超过市场的平均水平。那些‘投资助理’由衷地鼓励和灌输他们的客户这种观念。但是作为一类雇用这些投资助理的群体，他们的收益一定是低于平均水平的。原因很简单：①所有的投资者不可避免赚到一个平均的投资回报，减去交易费用；②被动型投资者和指数投资者，由于他们从头至尾的交易不是很活跃，能赚到的收益是平均收益，减去一个非常低的交易费用；③在赚取市场平均收益的群体中，剩下的一部分就是交易活跃的投资者。但是这个群体也会因此招致高额的交易、管理和顾问咨询费用，所以交易活跃的投资者，相比他们那些不活跃的‘同胞’会抹去很大一部分的投资回报。这意味着：‘懵懂无知’的被动型投资者（与他们相比）一定会胜出。”

段永平从来不重视所谓的投资建议，朋友们也会推荐一些好的投资项目，段永平会认真进行分析，如果不符合自己的投资标准，就绝对不会投资。在最初做投资的时候，他对美国的投资氛围着迷，但是电视上的一些股市专家和投资助理，给股民们提供的炒股方法和标的，段永平从来不相信，也不收看这类电视节目。

还有很多投资者将华尔街投资者当成风向标，只要华尔街投资者有动静，立马格外关注，华尔街投资者看好某只股票，就在这只股票上加大投入，但段永平从巴菲特那儿学到的知识是，华尔街的投资者一直都在误导投资者，如果有好的投资项目，他们是不愿意分享给投资者的。他曾经这样分享自己的理念：“如果我做一个上市公司，我也不理他们，我该干吗干吗，股价高低跟我没有关系的。所以我买公司的时候，我有一个很大的鉴别因素就是，这家公司的行为跟华尔街投资者对他的影响有多大的关联度？关联度越大，我买他的机会越低。华尔街投资者没有错，华尔街投资者永远是对的，它永远代表不同人的想法。但是你要自己知道在干什么，如果你自己没有主见，你要听华尔街投资者的，那你就乱了。”

当然，要想保持独立的投资意识，还需要拥有分辨是不是谣言的能力。大多数投资者遭遇过各种各样的谣言，一些企业、投资者、投资机构为了自身的利益，甚至会制造谣言，通过谣言来误导投资者做出错误的判断。段永平很少关注这些谣言，常会选择从正规渠道了解上市公司所发布的信息，对那些所谓“内部消息”更是保持警惕。他更愿意相信自己的分析和判断，比如对相关的企业或者股票进行验证，了解这家公司基本的运作情况，包括盈利、负债、股东收益报酬率。段永平会花费大量的时间研究企业的基本面信息，并想办法验证信息的可靠性，然后再考虑是否符合自己的投资标准。

段永平自称是一个独立的投资人。他不愿意开投资公司，很大一部分原因是一旦成立了公司，不仅要对股东负责，还容易在投资中受到股东的影响，投资一些自己不看好或者不感兴趣的项目。

在段永平看来，个人独立投资的优势在于坚持自我，只要自己有原则、有标准，就不太容易受到外界的干扰。早在经营步步高公司时，公司内部就成立了一个几十人队伍的投资小分队，这个投资小分队会四处收集投资信息。比如，有一段时间，很多互联网公司开始坚持自己开发各种网络游戏，投资小分队的任务就是，所有成员每天必须花很多时间玩网上的游戏，包括网易公司的游戏以及其他互联网公司的游戏。通过这种方式，段永平可以更精准地知道中国网民喜欢什么游戏，游戏公司将会推出什么游戏，以及游戏中出现了什么问题，而这些公司在处理问题时又是如何做的，它们是表现出了急功近利的想法，还是顾及长远利益。通过游戏体验，投资小分队往往可以更好地了解不同互联网公司的状态，并且找出这些公司所面临的一些问题。

投资应该保持简化

在巴菲特的价值投资理念中，给企业进行估值是一项基本的工作，也是一项最重要的工作，只有把这项基本工作做好了，企业估值和投资才能顺利进行。而在估值的过程中，往往采用定性与定量方法相结合的模式，定性分析一般针对企业的内在和本质进行分析，诸如商业模式、竞争优势、企业文化等。定量分析则是对一些数据进行分析，包括企业的股东回报率、净资产收益率、毛利率、市盈率等。

无论是定性分析还是定量分析，往往存在一些问题，那就是分析流程过于复杂，不够精确。

以定量分析为例，在巴菲特的企业价值估值理论中，未来现金流折现是一个重要的概念，但它很多时候只是一个预测值，同时还有很多不确定的因素（例如，行业变化、竞争对手变动、政策变化、企业的突发危机、增长率、折现率），而且它无法依据过去的经验来获得，毕竟未来的盈利情况谁也无法做出保证。最重要的一点是，未来现金流量折现计算起来太烦琐，对于很多投资者来说这是一项复杂的工作，何况计算出来的数据也未必准确。芒格曾经说过，自己从来没有见过巴菲特拿未来流量折现进行估值，至少没有见过他拿着计算器进行烦琐的计算，然后给出自己的估值。

在2019年的伯克希尔·哈撒韦股东大会上，一位中国投资人问巴菲特："未来现金流量折现估值太复杂，有简化方法吗？"

巴菲特于是直接提供了简化现金流量折现估值方法，那就是存款利率比较法。所谓存款利率比较法，主要是指将估值方法与存款利率进行比较，即购买股息更高的股票，此时每股自由现金流量就等同于利息，用每股自由现金流量除以股价就等于利息率。按照巴菲特制定的折现率标准：任何公司的折现率不能低于长期国债利率，这是一个最低标准。当然，巴菲特建议投资者先找到一个合理的预测区间，用预测区间的下限进行预测，从而有效地控制风险。假设一个企业未来10年的自由现金流的估值为5,000万~65,000万元人民币，那么最稳妥的办法就是以5,000万元为标准，从而抵消未来不确定性造成的偏差。

段永平非常认同这个观点。他虽然一直主张用定性分析的方法进行估值，重点关注企业文化、商业模式、企业护城河，但是在具体估值上也会采用定量分析的方法，而未来现金流折现是价值估值的一种方式。段永平认为未来现金流折现的方法太复杂。在投资时，段永平很少用计算器计算具体营收。为了更清晰地看懂未来现金流，他会花费不少时间查阅公司的所有人物、业务资料，然后使用简化版的估值方式，具体的做法就是对公司的价值进行打折。

假设一个公司净资产为100亿元，每年净利润10亿元，那么这个公司大概值多少钱？段永平认为这就像是存款一样，一年的利息达到了10亿元，那么存款究竟有多少呢，一般来说，银行存款的利息为2%左右，而投资一般参照长期国债利率6%或者5%（段永平倾向于5%），也就是说"银行存款"或者企业价值大概就是200亿元。那么花200亿元去投资或者收购一家每年净利润10亿元的公司并不划算，所以他会选择打六折的方式，即认为这家公司的估值只有120亿元。如果公司的发展一般，那么他可能会打五折甚至更低。段永平曾经说过，未来现金流折现并不是一种算法，而是一种思维方式，人们无法用计算器准确地算出来，却可以依靠自己的理解给出一个大概的估值。

很多时候，段永平更喜欢使用定性分析来估值，不过当他自己不清楚企业股价位于低价位还是高价位的时候，就需要进行更加确切的定量分析。在投资苹果公司、网易公司、通用电气公司以及创维集团有限公司的时候，他其实或多或少地使用了定量分析的方法，而基本的计算方法都比较简单，他不想把问题弄得太复杂。正像他自己所说的那样，投资就是用简单的方法去理解复杂的问题。

其实，定性分析也存在一些问题，比如很多投资者会强调企业的护城河，诸如成本优势、定价权、技术优势、企业文化，等等。但是技术优势究竟多大才算得上是护城河呢？成本所带来的优势又能够保持多大的竞争力呢？至于企业文化，怎样的企业文化才算得上是好的企业文化，拥有怎样的企业文化的企业才值得投资呢？投资者在进行定性分析的时候，其实也会面临很多不确定因素，相对于数据分析，定性分析可能会面临一些主观性。

有一个鲜明的例子，投资者喜欢拿百年老店或者企业辉煌的过去说事儿，认为投资百年老店肯定更有保障。但是段永平认为过去的企业文化并不能决定它以后的发展，很多百年老店不一定就可以继续发展得很好，这就像投资者估算未来净现金流一样，并不是真正可靠的，相比之下，能够保证企业文化的延续性以及与时俱进，这才是段永平看重的东西。段永平曾经谈到了雷曼兄弟公司，这家拥有150多年历史的投资银行，拥有非常辉煌的过去，但它在后期的企业文化已经变质，内部存在隐瞒、欺诈和造假的行为，甚至还奖励那些参与造假和不道德交易的人，这样的企业文化显然影响了它进一步的发展。身在美国的段永平很早就意识到了这些问题，所以当别人询问雷曼兄弟公司是否值得投资的时候，段永平给出了否定的答案，他认为这样的企业不具备投资价值。

其实，有很多小企业也拥有好的企业文化，但这并不代表它们就值得投资，一些看起来发展得不错的企业，在企业文化塑造上也许非常落后。段永平认为应当选择那些发展不错的企业，然后重点查看它们的管理层和领导者。段永平坦言自己没有一个所谓的公式去判别企业文化优劣，但愿意从拟人化的角度去分析。他认为这就和交友一样，如果自己不喜欢对方公司的CEO或其他管理者（通常是对方的品行有问题），不想与他们打交道，那么就绝对不会投资。如此简单直接的定性分析方式，减少了投资者的很多烦恼，尽管它不一定完全准确，但的确非常高效。投资拼多多的时候，段永平就表示自己不太了解这家互联网公司，但是非常看好黄峥这个人，所以投资自然而然就发生了。

在投资分析的过程中，段永平表现出了成熟而率性的一面，对于投资，他向来非常谨慎，但谨慎并不意味着就要采用复杂、精细化的分析和估值模式，只有更加简单高效的方法才真正符合投资规律。无论是定性还是定量分析，段永平都寻求一种更能反映实质的简化方式，最基本的一点就是自己是否能够理解和看懂这家公司的业务。

许多人认为投资一定需要高学历，一定需要丰富的专业知识，一定需要强大的计算能力。但现实是，很多商业学院的教授，许多专业做投资的人，也无法在投资领域获得理想的回报；一些非专业、非高学历、非财务工作的人，反而能够很好地理解投资领域发生的事情。就像他当初投资网易的游戏项目时，书上的知识和财报上的数据并不能说明什么，一切要依靠个人的理解，只要自己理解了，就可以简化分析流程。

比如，很多人会拿出一大堆的数据来证明某公司值得投资，或者将那些优势逐个摆出来进行分析。段永平不太喜欢这种分析模式，他的评估方式很简单，那就是自己是否看得懂这家企业的运作模式和盈利模式，如果相关的业务看不懂，他大概率会果断放弃，而不会一直纠结着要不要投资。不理解或者看不懂的东西未必就不好，但肯定不适合自己，这就是段永平简化版的估值模式。

此外，段永平一直强调“买股票就是买公司”。对于投资者来说，当他准备买股票的时候，一定要想好是不是准备持有股票10年或者20年，如果没有想好，那就不值得购买。而买公司的前提就是理解，只有理解了一家公司的运作模式，他才会果断地选择投资。

第六章

低调的务实者与一盘很大的棋

在《基业长青：企业永续经营的准则》这本书中，作者谈到了两种出色的经营者和企业家：第一种就是报时人，他们可以准确地说出现在是某年某天某时某分某秒，这种人在企业中可以构建伟大的商业模式，帮助企业打造一个强大的盈利模式；第二种就是造钟的人，他可以制造出一款精度很高的钟，让别人更准确地把握时间。在企业中，造钟的人会打造一套完善、高效、优秀的企业文化以及相应的制度，可以确保企业持续地运转下去，在很长一段时间内保持强大的生命力和竞争力。在段永平看来，一家企业要想真正地实现基业长青，想要摆脱创始人的个人影响，需要培养属于自己的报时人，更需要寻找一个合适的造钟人，确保步步高系的企业文化可以得到传承。

步步高系的第一个国际化品牌：OPPO

20世纪90年代末，当步步高的无绳电话机做到国内销量第一的时候，有人劝段永平做手机。虽然段永平也意识到手机行业的巨大潜力，但是他觉得手机市场是诺基亚、摩托罗拉之类的国际大品牌的天下，国产手机在国外巨头的垄断下很难做大做强。

事实也是如此，2000—2003年，国产手机曾经有一次短暂的热潮，一大批国产品牌手机应运而生。可是由于厂家不注重技术研发和品质控制，国产手机的形象受到很大影响，消费者对国产手机不感兴趣，大部分消费者倾向于购买国外品牌手机，甚至选择山寨机。但当国产手机进入低谷的时候，段永平却带领步步高进军手机市场，业内人士认为步步高这是自找麻烦，吃力不讨巧，吃力不讨好。但是依靠技术上的完善和质量保证，加上强大的营销团队，步步高手机很快就在市场上占据了一席之地。

当步步高手机快速发展起来之后，段永平变得信心十足。他在采访中说道："我们面临的对手非常强大，我不敢说能够与诺基亚、摩托罗拉在三五年内决胜负，但给我5年的时间，如果这个市场还在，我们肯定能做得比较好。"当时很多人觉得段永平太浮夸，可是看看如今的手机市场，诺基亚和摩托罗拉之类的品牌几乎销声匿迹，反观步步高系的两家手机厂，已经成了世界上排名前几位的手机厂商，OPPO就是其中之一。

OPPO的诞生本身就是步步高走向国际市场的一次尝试。1998—1999年，步步高在国内市场没有任何对手，段永平开始计划着从国内市场转向国际市场。但步步高的品牌名过于接地气，不利于公司的国际化扩张之路。段永平觉得如果步步高公司想要打造成国际化的品牌，就需要一个国际化的名字。2001年，在段永平的牵头下，三家公司共同出资3,000万元注册了OPPO品牌。此时，陈明永特意邀请了一家欧洲的专业公司进行命名。由于黄一禾和沈炜无意参与，嗅到商机的陈明永独自一人买断了这个品牌。

陈明永执意要运作OPPO品牌，因为他有着自己的考量。1999年，段永平对步步高公司进行改制，陈明永负责接管步步高视听电子业务，主要经营VCD、DVD。2001年，影碟机行业开始逐渐没落，陈明永意识到VCD和DVD不仅仅面临市场饱和的问题，而且是逐渐被市场淘汰了，尤其是随着手机的发展和MP3播放器、MP4播放器之类的电子产品的风靡，影碟机行业已经失去了竞争力，所以陈明永带领团队开始研发MP3播放器、MP4播放器。

2002 年，索尼、飞利浦、松下等公司要求中国 DVD 产业支付专利费，这对国内的视听产业产生了巨大的影响，陈明永负责的视听业务首当其冲，相关业务变得无利可图。

为了走出这种尴尬局面，陈明永只能继续寻求变革和出路，并果断投身OPPO。在那之后的3年时间里，陈明永重点对OPPO的语音、语义技术进行全球测试，以确保OPPO的发音可以支撑起相关电子产品的使用，结果在全球100多个国家和地区都顺利通过测试。2004年，陈明永正式成立了OPPO公司。同年，OPPO在美国加州硅谷设立OPPO Digital（OPPO数码）公司，制作高清DVD播放机等类型数码视听产品，蓝光DVD就是那个时候风靡美国的爆款产品，并在全球范围内赢得了良好的声誉。然而，陈明永知道，蓝光DVD无法逆转传统视听产品式微的局面。

那个时候，OPPO公司也从事液晶电视的生产业务，但是段永平认为液晶电视利润不高，陈明永在2006年终止了这项业务。OPPO又开始在导航、小家电、电子书方面进行了尝试。这个时候，手机开始普及，而且手机本身自带多种功能，陈明永意识到很多功能可以在手机上实现集成，既然如此，还不如直接做手机。

2006年底的某一天，陈明永来到深圳华强北商业区买手机，在里面逛了大半天也没有选中心仪的款式。当时的华强北乃至整个中国手机市场都被诺基亚和三星这样的巨头控制，国产手机非常少，且没有影响力，他当时就想如果国内出现了一款具有影响力的手机，那么就可以将国外品牌所占据的手机市场抢过来。他萌生了一个念头，既然国内手机品牌没有能扛大旗的，为什么自己不尝试着做手机呢？陈明永决定带领

OPPO进入手机领域。

当时，步步高进入手机领域已经过去好几年了。OPPO进入手机市场，不就对步步高的业务造成冲击了吗？虽然OPPO已经从步步高分离出去，但是二者还是共享了很多的进货和销售渠道，会形成竞争态势。陈明永自然明白这一点。从大局出发，他将自己的想法告诉了段永平。段永平非常开明，认为只要步步高手机公司不反对，就可以干。事实上，段永平在这个时候是拥有否决权的，但他认为陈明永是一个有能力、有战略眼光的企业家，这样一个人或许可以带领OPPO真正走向国际化。反观步步高手机，在某些方面由于先天不足，不足以担当重任。

2007年，第一款iPhone（苹果手机）开始上市，它的出现为智能机的繁荣奠定了基础，OPPO之后的发展以及大放异彩，也得益于iPhone的横空出世。段永平数次表示，“智能手机是一个前所未有的机会。我们估计，这个市场还会持续10年或20年，暂时没什么能取代它，但我们也不确定”。段永平对智能机的认同和支持，使得陈明永可以放开手脚大干一场。

就这样，陈明永带着自己的队伍开始在手机领域发起猛烈的攻势。只要细细进行分析就会发现，OPPO的成功与段永平提倡的企业文化息息相关，陈明永作为段永平的得意门生，一直要求OPPO团队保持理性，摈弃外界的诱惑，全心全意为用户服务，从用户和消费者的角度出发，注重制造工艺的每一个环节、每一个营销细节，确保客户产生极致的美的感受。这一点早在段永平创立小霸王期间，他就一直在强调。段永平认为一个好的产品必须经得起细节上的考量，必须能经受消费者挑剔的目光，陈明永很早就跟在段永平身边，对此自然也是耳濡目染。

一位OPPO员工曾评价陈明永，认为他对产品有洁癖，OPPO公司每次制造出一款新研发的产品，他第一眼的判断是：设计到底美不美；第二眼则判断外形耐不耐看。他不仅仅是自己审核，还喜欢让所有核心层的人对产品给出评价，如果大家对一款产品存在意见分歧，且持有不同想法的人超过一半，这就意味着相关产品不符合主流审美，他就不会轻易地推向市场。正是由于对产品设计细节和品质把控的高要求以及对消费心理的精准洞察，OPPO成为世界级的手机品牌。

有人觉得OPPO之所以会获得成功，可能离不开段永平在幕后的运筹帷幄，对此，陈明永曾经说过："阿段（段永平）没有在这里做过什么重大决策。"段永平也公开表示自己很少过问公司的事情，对于外界的赞美，他显得非常低调，一直强调公司变得越来越好是全体员工的功劳，和自己毫无关系。对于外界猜测他可能会重回公司掌舵，他也多次表示自己在这个职位上做得肯定没有陈明永好，就像他认为库克比乔布斯做得更加出色一样。在他看来，一个优秀的投资者不一定要掌控所投资的那家公司，让更合适的人去领导公司，这样才能带来更大的投资回报。

段永平对陈明永非常信任，在他看来，拥有这样一个出色企业家的公司，是值得投资的，正因为如此，多年来，段永平一直持有OPPO的股份，无论这家公司遭遇了什么情况，他始终都在默默支持陈明永，始终看好OPPO公司未来的发展。

不过这并不意味着他对OPPO的一切都不闻不问，2012年，OPPO的功能机遇到智能机的巨大冲击，导致积压了大量的库存，如果库存无法及时消化，那么这家公司很快就会因为资金周转不灵而被拖垮。这个时候，段永平直接给曾经的代理商们下达了分摊库存的任务，而各省的一级代理商几乎都是扛着几千万元的亏损帮助这家手机公司消化库存。

经历了这件事，段永平和陈明永都意识到OPPO必须主动变革，发展自己的技术，因为任何一家科技公司要想实现长久的发展，都需要在技术上不断进步，要靠强大的科技基础，这样才能支撑起未来的发展之路。就像段永平说的那样，只有打造好的产品，才能真正赢得市场的关注。这些年OPPO公司一直强调要多增加研发投入，将科技与市场需求紧密结合起来。自从OPPO成立以来，研发投入一直在逐年增加。2020年，国家知识产权局公布了相关的数据，OPPO的专利发明授权数量为3580件，在国内仅次于华为。截至2020年6月，OPPO全球专利申请量超过49000件，其中，全球授权数量超过19000件，而发明专利申请数量超过43000件。OPPO公司的专利数量有保障，质量同样经得起考验，比如在2019年10月，OPPO Find X的外观设计专利获得中国外观设计金奖，而OPPO手机依托场景识别的拍照模式切换技术专利则获得中国专利银奖，要知道中国专利奖是中国专利领域最权威的国家级奖项。

2020年11月17日，陈明永在OPPO未来科技大会上提出了“3+N+X”的科技跃迁战略。所谓“3+N+X”，“3”指的是企业内部的三大生态，即硬件基础技术能力、软件工程技术能力和服务能力；“N”是指长期构建的若干个能力中心，像人工智能（AI）、多媒体、安全隐私、互联互通的能力中心；“X”强调OPPO构建差异化的能力，像影像、闪充和新形态都属于差异化能力的一部分。

这个新战略的提出，实际上展示了OPPO的社会愿景，即依靠科技手段，满足每一个人对美、想象力和人性的追求，为“实现一个至善的世界”这一个长远目标而努力。

这些年，OPPO不断加强底层硬件功能的研发能力，其核心在于对人才的尊重，尤其是高端科技人才的重视。公司一直在招揽和培养科研人才，还专门成立了研究所，为的就是给人才提供更好的工作平台，比如2019年，有一个通信项目需要一个既懂管理也懂技术的高端人才，OPPO公司的项目负责人将目标锁定某公司的一名员工，对方本身也有到OPPO公司工作的意向。

陈明永亲自出面与对方公司的董事长谈判，希望董事长可以将该员工让给自己，董事长不想放走这个员工，但是他也担心在OPPO公司强大的攻势面前，员工迟早会离开。另外，OPPO担心时间长了会有变数，所以陈明永和对方以及员工本人达成了协议，员工8个月后再到OPPO上班。OPPO内部有很多人感到不满，因为那个项目不得不立即展开，最多只能等那个员工两个月。

面对大家的质疑，陈明永心平气和地说：“站在对方的角度考虑，能答应这个事情已经很不容易了，而且这个人的离开确实对他们有影响，需要足够的时间过渡。这种情况未必是坏事，只不过有时候结果来得稍微慢一点，但可能有你意想不到的收获，而且你还可能会做得更长久，你的朋友会更多，支持你的人也将更多，有利于你去做更多的事情。”

对人才的重视，对科研工作的投入，使得OPPO成为一家依靠技术“取悦”市场的手机厂商。2008年以后，OPPO的研发团队先后成功打造了几款现象级手机产品，成功奠定了OPPO的行业地位。在巅峰期，OPPO手机进了中国市场的前三。2016年，OPPO手机的全球销量达到9940万部，全球排名第四。

这两年，OPPO公司脱离原先聚焦手机业务的单一发展模式，开始进行多元化布局。随着5G技术的出现，万物互联成了一个新的技术风口，各大科技公司都希望打造属于自己的科技生态体系，OPPO也希望把握住这个发展机会。作为OPPO的股东，段永平不太清楚OPPO的发展思路，他喜欢阅读《从优秀到卓越》这本书，并认为一个企业要集中精力专注于有限的产品，战线拉得太长就容易陷入困境。但他并没有进行干涉，反而让陈明永放手去做，在他看来，OPPO几乎就是陈明永一手“带”出来的，没有一个人会比这个创始人更了解OPPO的发展。更重要的一点是，OPPO已经逐步建立起正确的企业文化，段永平向来非常看重企业文化，他说过：“企业文化就是企业里这帮人的Mission（使命）、Vision（远景）、Core Values（核心价值观），使命是为什么成立，远景是我们要去哪里，核心价值观是哪些事是对的，哪些事是不对的。”

他曾经打过一个形象的比方，认为企业就像是一只木桶，而企业文化就是木桶的底部，一旦少了这个底部，或者底部有漏洞，那么整个木桶就没有办法装水。段永平已经将企业文化中最重要的基因传给OPPO，至于让谁来管理这家公司，似乎无关紧要了。

拿下多个全球第一的vivo

在中国手机市场上，OPPO和vivo绝对是两个另类。它们原本来自同一家公司（步步高），分离之后各自打造了属于自己的品牌和公司。类似的手机品牌有华为和荣耀，虽然也是不同的品牌，但是这两家公司同属于华为公司（2020年，华为卖掉了荣耀），而OPPO与vivo不一样，这是两家从同一家公司分离出来的不同公司，而且从一开始，两家公司的业务就不一样，OPPO是步步高国际化战略下的一个产物，而vivo公司更多的是在步步高手机的基础上发展起来的。

步步高手机曾经在中国手机市场风靡一时，它坚持走时尚路线，而且邀请不少顶级明星代言产品，甚至成为各大娱乐平台的赞助商。步步高手机改名为vivo之后，一直沿用这样的发展模式和营销模式，vivo手机从一开始就将目标定在18—35岁的年轻消费群体，因此一直积极追求时尚，对产品的外形、功能以及明星效应都有要求。自从进入智能机领域后，沈炜挑选了一批在技术和市场方面能担当大任的员工出任产品经理，确保产品能够“迎合”年轻人的需求。

如果对沈炜的管理和运营风格进行分析，你就会发现，他的身上有着更为明显的“段式风格”，沈炜认为好的产品不仅要有技术加持，还应该迎合市场需求，这个观点就是段永平常说的“消费者导向”理论。段永平认为市场上只有少数企业愿意以消费者的需求为导向，又具备满足消费者需求、为他们提供相关产品和服务的能力，这些公司最后往往会被人们称为“伟大的公司”，它们愿意围绕着消费者的需求转动，而不是完全以挣钱为目的。他希望步步高系的企业都具有“利润之上”的企业文化与“消费者导向”的基因。

既然vivo的消费定位是年轻人群体，那么就要针对年轻人追求时尚、新颖、个性的特质进行产品设计。与OPPO一样，vivo非常注重产品设计上的视觉冲击力。几乎所有的vivo产品都追求一种外在的形象美，加上重视年轻人喜欢的拍照功能，产品自然让人爱不释手。这无疑是步步高公司内部创新文化的传承，而产品的创新和研发，更是vivo赢得市场的关键。

在最初进入市场的时候，很多人担心vivo这个后入者在竞争激烈的国内市场会率先展开价格战，通过更低的价格抢夺市场，甚至在走出国门之后就会大幅降价，以提升国际竞争力。但事实上，vivo多年来一直没有想过以降价的方式赢得竞争，与国内很多手机品牌相比，vivo手机不算便宜，也推出了五六千元的旗舰机型。

在谈到手机定价策略时，段永平对vivo手机的价格设置表示支持，他曾经说过："我们不少企业太短视，动不动就是价格战，说是'薄利多销'，其实是低水平竞争的表现。把利润都打没了，就没有可能推动产品创新、研究开发，从长期看，消费者也是受害者。他买的东西是便宜，但价值也很低。我们至少做到不主动打价格战，有时降价属于被动降价。正因为感到企业陷入价格竞争的负面后果，所以我希望大家都要着眼长远，走提升价值之路。你看，可口可乐和百事可乐，从来都不是互相比降价，而是创造差异化的消费者价值。"

很显然，段永平不希望vivo通过低价的方式抢夺用户，这样的方式只能在一时之间起到作用，等到市场陷入价格战时，吃亏的还是自己。对于企业来说，要真正形成竞争优势，就要想办法加大研发投入，提升硬实力，同时通过差异化的定位来提升自己，通过技术改进来提升自己在某一方面的优势，让产品变得与众不同。

多年来，段永平一直都持有大量的vivo股票，他从来没有想过出售，很多人觉得这是出于感情，毕竟vivo的前生是步步高的一部分，但是对于段永平来说，感情只是其中一个原因，更重要的是因为投资理念。

在投资和评估企业的时候，段永平非常注重差异化，认为一家企业要想构建属于自己的护城河来吸引投资者和客户，就需要做到差异化："能长期维持的差异化是护城河，差异化指的是产品能满足用户的、别人满足不了的需求，没有差异化的商业模式，基本上不是好的商业模式，投资时应尽量避开产品很难长期做出差异化的公司，比如航空、太阳能组件公司。”

如果vivo不具备差异化的能力，就难以在市场上立足，段永平也绝对不会长期持有这家手机公司的股票。如果说段永平对OPPO的看好在于这家公司积累的技术优势，那么他对vivo的长期投资，是因为看好这家公司在技术加持下的差异化竞争模式。

段永平认为："产品的差异化不是指所谓的与众不同，而是指与众不同的东西正好是用户需要而其他人没能满足的东西。当一种产品找到的差异化正好是很多用户需要的东西时，那这种产品大概就很成功了。差异化的东西是在不断变化的，大家（很多公司）都有了的差异化就会变成基本需求。有时候好的产品的差异化的东西不一定需要很多，有时候哪怕有一个也会让公司（或产品）很成功。”

通过对vivo手机进行分析，就会发现其创新和差异化设计超过了人们的常规认知。比如2012年，vivo推出了vivo X1手机，这是第一款使用HiFi音质的手机，不仅如此，仅为6.55毫米的超薄机身就使其成为当时世界上最薄的智能手机。

2013年12月，vivo Xplay3S诞生，这是世界上首款2K屏手机，而且还拥有顶级的处理器、指纹识别、手势控制等多项黑科技，对于当时流行的1080P手机而言，vivo Xplay3S就是一款旗舰机皇。

2014年推出的vivo Xshot具有双LED闪光灯，是当时国内市场上唯一一款这样的产品。它还是全球首款搭载了f/1.8超大光圈，又配备了光学防抖的智能机。

2014年12月，vivo发布了新手机vivo X5Max，该机通过创新性的单面临界布板，将600多个元器件集中在手机主板的一个单面上。这种单面布板的极限操作，搭配了vivo自主研发的多梁机翼中框技术，直接使得vivo X5Max厚度降到了4.75mm，成为当时世界上最薄的智能手机。

2015年推出的vivo X5 Pro成为国内首部搭载PDAF相位对焦技术的手机，而且它还是全球首款双2.5D弧面玻璃手机，直接引领了2.5D弧面玻璃的风潮，而这款手机的热卖也使得当年vivo的年度销量达到了3600万台。

2016年，vivo发布了全球首款前置双摄手机vivo X9，这款机型以前置双摄的方式实现了前置自拍背景虚化，在那之后，手机自拍背景虚化成了一种风潮。

2017年，vivo X9s Plus采用了全新的DSP拍照技术，使用户在逆光场景下拍照不再成为困扰。2017年底，vivo X21手机首次使用了屏下指纹，领先业内同行半年。

2018年，vivoX20 Plus是全球首款量产的屏幕指纹手机。这一年随后发布的vivo NEX手机，是一款具有升降式前置摄像头、Jovi语音助手、全屏幕发声技术的无刘海全面屏手机，它的出现成为手机行业的一个里程碑。

vivo在手机领域起步较晚，但是大有后来者居上的气势。与OPPO

一样，由于有着出色的功能设计，它很快成了手机市场上的香饽饽。在2018年，vivo一度成为国内最畅销的手机，而OPPO则排名第二。

出色的设计能力为vivo带来了极高的关注度，而强大的营销能力则为它走向全国市场，开拓国际市场奠定了坚实的基础。比如vivo手机的线下覆盖面非常广，从一线城市到乡镇，都可以看到vivo的店铺，这些店铺中有现货，而且可以直接提供售后服务。vivo手机非常善于借助明星效应打广告，旗下的明星包含了中国、韩国以及美国的一些一线明星，这些明星拥有大批的拥趸，他们会成为vivo产品的潜在购买者。

为了顺利打入国际市场，vivo手机将目光锁定在中国市场上非常受欢迎的美国男子职业篮球联赛，成为NBA（美国男子职业篮球联赛）的中国官方合作伙伴。这只是vivo的第一步，更大的成就在于它当时签下了最具影响力的球员斯蒂芬·库里，库里不仅是联赛内连续两届最有价值的球员，还率队拿下了3座总冠军奖杯。更重要的是，库里是一位划时代的球员，开创了三分球的小球时代，将联赛的观赏水平上升到了一个更高的高度上。

此外，vivo还花费重金成为世界杯全球官方赞助商，这是vivo迄今投资最多的一次营销活动。世界杯是全球最受欢迎且价值最高的足球盛会，能够成为全球官方赞助商：一方面证明了vivo的实力，另一方面也显示了它开拓国际市场的决心和潜力。据说沈炜在做出这个决策时，只花了10分钟，速战速决，绝不拖泥带水，这是典型的段式风格。

不论是品牌名称，还是品牌的定位，在拓展国际市场方面，OPPO和vivo都表现出众。在最初开拓市场的时候，有人专门做过市场调研，发现这两个品牌无论是名称还是产品形象设计，都符合国际化定位的需求，国内外市场对产品的认同感比较高。

这证明了段永平的远见。当初他提出了打造一个具有欧式风格品牌的建议，促成了OPPO和vivo的出现，而且在vivo运作和发展的过程中，基本上也是按照段永平的营销招式来开拓市场的。何况vivo本身就是由步步高手机转化而来的，它不仅享有步步高原有的销售渠道和代理商，而且可以借助步步高手机积累下的资源。

如果仔细分析，就会意识到这些都是典型的段式风格——广泛的渠道铺设、顶级的明星代言、出色的产品设计、迎合消费者需求的功能，无疑将vivo打造成了一个具有较高辨识度的品牌。段永平曾经为步步高手机倾注了很多心血，而vivo手机同样成为沈炜最看重的产品。2021年，第二季度中国手机市场报告显示，vivo公司位列国内第一，约占据了市场份额的23.8%，OPPO以21.1%的份额排名第二。而在第一季度，vivo同样是以23%的市场份额排名第一。在整个2020年，vivo成了印度尼西亚手机市场的领头羊，这一年vivo成了全球出货量排名第五的手机厂商。在全球新冠疫情严峻的局面下，各大手机厂商的出货量都在下降，而vivo则实现了逆势增长。

步步高从一开始就期待着“走出去”，成长为一个国际品牌。在此基础上，OPPO应运而生，而作为在步步高手机基础上发展而来的vivo虽然起步更晚，但是国际范似乎更足，在打造国际化品牌的道路上一点也不逊色于OPPO。

2018年8月，vivo发布了未来10年的企业中期战略——成为以智能终端和智慧服务为核心的全球领先平台型科技公司。要做到这一点，就需要做到继往开来，继续保持自己的文化基因，同时迎合时代的发展进行技术创新，打造属于自己的发展道路。

向来看好苹果手机的段永平在某次接受采访时，也忍不住称赞OPPO和vivo：“苹果无法在中国战胜我们，因为即便是苹果也有缺点，而且有时候可能太固执了。他们做出了很多伟大的产品，比如他们的操作系统，但我们在其他方面胜过了他们。”

可穿戴产品行业的黑马：小天才电话手表

可穿戴设备是近几年风靡市场的新产品，尤其是随着信息技术的发展和智能技术的提升，市面上出现了很多智能化的可穿戴产品，其中智能手表最受欢迎。智能手表市场的竞争非常激烈，尤其是国内市场，国内外的众多品牌都虎视眈眈地抢夺消费者。

在众多竞争品牌当中，苹果的Apple Watch（苹果手表）依靠公司其他产品多年积攒下来的市场和人气，成为受消费者欢迎的产品。而在国产品牌的突围中，小天才电话手表的表现最好，它不仅挤压了国内外众多品牌的市场，而且逐渐成为中国市场上最具竞争力的智能手表品牌之一。

小天才电话手表是步步高公司的产品，而步步高是一家老牌的电子企业，曾经在段永平的带领下几乎垄断了大半个国内市场。虽然步步高后来一分为三，变成了三家公司，但是步步高电子教育仍旧具有很强的市场影响力，而儿童市场一直是步步高非常关注的。步步高先后研发了一系列的电子教育产品，比如学习机、复读机以及点读机（均为当年风靡全国的明星产品）。步步高电子教育的负责人金志江向来都很低调，但是在带领队伍开发市场方面却具有很强的能力，懂得把握市场的动向，能够抓住消费者的需求，而小天才电话手表就是步步高电子教育的一个优秀作品。

说起小天才商标，还有一个故事。在步步高电子教育刚刚独立出来的时候，段永平曾找到晶技股份有限公司，希望以300万元的价格购买该公司旗下的“小天才”品牌商标，但遭到晶技股份有限公司的拒绝。段永平并没有气馁，他认为这个商标“无歧义，易传播，笔画简单均衡”，设计理念非常出色，加上当时的“小天才”在中国大陆地区最直接的竞争对手就是小霸王，段永平非常期待可以拿到这个商标的经营权和所有权。

2008年，爆发了全球性金融危机，步步高得知晶技股份有限公司有意出售小天才品牌，于是让步步高委托第三方前往商谈，当时对方同意出售商标，还主动开价30万元。在得知晶技股份有限公司是因为经济拮据才出售“小天才”时，段永平决定补齐第一次谈判时的差价，直接给了对方300万元。很多人觉得段永平的这笔投资太亏了，但在他看来，“小天才”这个品牌的价值远远超出300万元的价格。

那个时候，段永平和金志江都希望将小天才打造成儿童领域的超级品牌，但是直到2010年，步步高才推出小天才早教机，而且销量一般，但段永平认为只要找到正确的方向，那么就可以依托小天才这个品牌打造一款爆品。2015年，步步高的研发团队偶然在市场上发现了儿童手表，然后就对儿童手表进行了分析，当时的儿童手表以及智能手表侧重于强调电话功能和卫星定位功能，而步步高公司直接选择了儿童最看重的一项功能——社交功能。因为随着社会的进步和科技的发展，孩子的另一个核心诉求越来越强烈，那就是电子社交。很多人认为社交是成人的专利，但事实表明儿童对于社交的需求比成人是有过之而无不及，而且这也成了一些公司发明和制造社交科技产品的一个突破口，儿童手表完全可以当成一种不错的社交工具，步步高自然不会轻易错过这样的市场。

在了解市场需求之后，公司就安排设计人员参与产品设计，并着重提升产品的社交功能。2015年6月，小天才电话手表第一款Y01型号手表正式诞生，很多业内人士都不看好这款产品，认为定价798元的它肯定会沦为失败品。可是由于拥有基本的微信功能，这款产品在当年就卖出了107.6万部，很快就和三星并驾齐驱，成了出货量世界前五的可穿戴设备。之后几年，小天才电话手表不断进化，功能也不断强大和完善，价格自然也是水涨船高，很多新品的价格在1,500元以上。有人站出来批评小天才手表是高价低配，一些父母也认为花1,500元以上买一款儿童手表不划算，但孩子们往往执拗地喜欢小天才电话手表。从这个方面来说，商家在营销的时候，最重要的是激发消费者感性消费的欲望，而不是理性地告诉消费者什么样的产品才是最划算、最适合自己的。

虽然小天才电话手表是一款集合了电话、定位和社交功能的产品，但它真正吸引儿童的一个强大功能就是建立和强化社交网络，它也是唯一一款将“make friends（交友）”刻在表盘上的儿童手表。相对于其他的儿童产品和儿童手表，小天才电话手表这种高端的玩具实际上是一个通信设备和社交工具，充分挖掘了孩子社交的需求和乐趣。

有人做过调查，发现当儿童群体中存在小天才电话手表时，其他品牌的儿童手表就很难进入这个群体，一个班级如果有几个学生先购买了小天才电话手表，很多人就会模仿，很少有人会选择其他品牌的儿童手表。而当一个儿童群体中存在其他品牌的手表时，如果有人购买了小天才电话手表，那么短时间内会有更多的孩子打算换掉自己的手表。从某种意义上来说，小天才电话手表已经是社交圈标签的一个证明，就像一个内部的会员卡一样，那些购买不同产品的孩子往往会产生一种疏离感。

那么，为什么小天才电话手表会受到孩子的热捧呢？这源于小天才电话手表的一些特殊功能，除了常见的添加朋友之外，它具有类似于微信的摇一摇玩法，也具有碰撞一下添加朋友的功能。很多使用者只要将手表碰在一起，就会彼此接收信号，这种碰一碰的玩法在儿童群体中非常受欢迎，他们将其作为社交的一种重要模式。很多彼此不熟悉的孩子就是通过这种碰一碰的方式建立起属于自己的社交圈。

此外，很多小孩子喜欢玩手机，甚至上瘾，以致家长拒绝将自己的手机留给孩子。相比之下，小天才电话手表没有那么多的游戏功能，但是具备一定的社交功能，孩子在放学后或者假期可以通过手表进行交流，讨论学习情况，分享自己的生活趣事与心情，也可以相约一起出去玩耍。从某种意义上来说，孩子们之间的关系会变得更加亲密，而且不容易被手机、电脑之类的科技产品给隔离开来。

小天才电话手表的功能还有很多，例如拍照识物，播放故事（可以下载各种故事应用程序），学习英语（下载英语课程，具备字典查询功能），以及音乐播放。这些功能实际上非常符合儿童的社交需求，因此成为市场的新宠，这些直接构成了该品牌强大的护城河，别的手表品牌和产品想要抢占小天才电话手表的市场非常困难。

在设计小天才电话手表的时候，研发者就特别做了市场调查，对儿童的消费心理以及社交模式进行深度研究，从而更好地给出一些针对性的功能设计，确保产品一经面世就可以赢得市场的关注。除了功能强大且具备吸引力之外，小天才电话手表继承了步步高产品一贯的营销作风，小天才电话手表的广告大都邀请一些知名度很高的童星代言，这些童星对于儿童以及家长都具备很强的吸引力。此外，为了确保产品尽可能被大家熟知，步步高公司会选择将其安排在一些热门电视剧和热门的电视频道上反复播放，这样一来，很多孩子对小天才电话手表的产品广告耳濡目染，甚至倒背如流。

小天才电话手表的成功还有一个非常重要的优势，就是渠道过硬，很多品牌和产品缺乏良好的渠道，经销商明显缺乏忠诚度，只能想办法在线上进行销售。而步步高从成立之初就拥有一大批忠诚的经销商，渠道建设非常成功，可以说很多经销商和合作客户愿意和步步高以及步步高系企业进行合作。当步步高电子教育推出新的产品时，原先的渠道、经销商与客户可以直接挪为己用，帮助自己提升营销效率，这就是小天才电话手表可以快速在市场上流通的关键，而且在线上和线下都可以卖得很好。

面对步步高对儿童手表市场的不断蚕食，一些竞争对手表示很无奈："步步高式的营销我们学不来，一是没有渠道，二是也没有钱。"

在行业内，小天才电话手表的高溢价是公认的，几乎很少有品牌可以对它形成威胁。虽然这些手表动辄1,500元以上，但是仍旧非常受欢迎，即便是一些三四线城市，也有很多消费者愿意为小天才电话手表掏钱包。

相比之下，很多竞争对手的手表更加便宜，但即便如此也找不到更多的经销商和消费者，只能挂在网上卖，对经销商来说，产品利润太低了，只有小天才电话手表的几分之一，根本不值得冒险去拓展线下业务，而且消费者对于这些品牌的手表根本不买账。

其实，除了卖出高价之外，相对于其他竞争对手，小天才电话手表具有更出色的布局，步步高的管理者善于利用产品来强化利益共同体之间的关系，比如小天才电话手表的一个重要合作伙伴就是联通公司。为了获得更大的市场，小天才电话手表与联通公司实现强强联合，公司购买联通公司的手机副卡，安装在手表产品之中，在联通网内的电话手表用户群中，小天才电话手表占据了76%的市场份额。这些用户都使用联通公司的副卡，每天的使用时间据说达到了惊人的39分钟，话费也达到了每月20元的水准，这些用户在长大之后，很有可能会继续成为联通公司的用户。正因为如此，联通公司一直极力加强同小天才电话手表的合作，尽量帮助小天才电话手表拓展市场，这样就可以形成互相促进的效果。

从某个程度上来说，小天才电话手表在行业内的影响力完全可以和OPPO以及vivo在手机行业的地位相提并论，只不过和OPPO以及vivo开始专注于走国际化道路不同的是，小天才电话手表非常重视国内市场的经营。它如今成为最受孩子们欢迎的科技产品，在当前的可穿戴产品的行业内，无论是华为、小米，还是苹果和三星，暂时都无法威胁到它在国内市场上的影响力。

拼多多的破与立

在2000年之后的大约20年时间里，中国的电商一直处在一个高速发展的阶段。拼多多起步较晚，国内电商有淘宝和京东这样的巨头，加上唯品会的存在，使拼多多在发展过程中面临巨大的压力，但拼多多在竞争激烈的电商领域拥有自己独特的成长优势，慢慢地构建了属于自己的护城河。其推广的砍价和拼单模式引起了消费者极大的消费热情，成功地抓住了中国市场中收入较低群体的消费需求，也掌握了人们喜欢便宜货的心理。

从长远来看，拼多多决定走出一条和其他电商巨头不同的道路，在未来的规划中，拼多多不会做采销，也不会涉及物流和配送，对供应链进行有效升级才是拼多多长期发展的一个战略重点。按照黄峥的规划，拼多多的最终模式应该是确保上游能做批量定制化生产。匹配是拼多多正在做且会一直做下去的事情。什么是匹配？就是让合适的人在合适的场景下买到合适的东西。

这样的模式令包括段永平在内的投资者产生了浓厚的兴趣，段永平虽然多次表示看不懂拼多多，但还是成为拼多多的天使投资人，为拼多多提供资金支持。但就像当初购买网易股票一样，段永平将持股数量控制在5%以下，以免申报带来个人投资信息的披露，而这也使得很多人并不知道他是拼多多的股东。除了给予资金支持之外，段永平依据多年的经营管理经验，直接告诫黄铮“要学会把复杂的事情做简单，作为一个好公司，动作越少越好”，黄铮听从了他的建议，拼多多开始进军一二线城市的市场。

有了段永平的支持，有了其他投资机构的背书，拼多多很快成为资本和市场的新宠。仅仅花了5年时间，拼多多就做到了与淘宝、京东三足鼎立的局面。2020年12月16日晚，拼多多的市值突破1,000亿美元，成为国内第四家市值过千亿美元的互联网公司。2020年，拼多多用户规模超过了阿里巴巴，成为中国最大的电商平台。到2021年，段永平手上的拼多多股份已经超过280亿元。

作为一种新型的商贸活动，电子商务一直是互联网创业的主流，经过20年的运营和发展，电子商务基本上已经渗透到我国社会、经济、生产、流通和生活等各个领域。这些年，中国经济开始谋求转型和升级，传统的粗放型和资源消耗性模式必须向集约型、高效性、可持续型的方向发展，而追求更高品质也成为电商发展的一个基本要求：一方面，电商需要做好质量管控工作，确保平台上不会出现假货，不会出现各种侵权的仿制品，产品必须合法合规，质量要有基本的保证；另一方面，电商平台要以降低成本为要务，压缩供应链条，省去更多的中间环节和渠道，让消费者获得更多的实惠。

但在实际的操作中，高品质与低成本难以同时存在。商家出售的低价产品中，也不乏假货。大量的侵权行为和假货的泛滥让电商的发展蒙上了一层阴影。除此之外，不少电商平台还依靠补贴进行降价和打折活动，导致市场出现恶性竞争，最终反而使得高品质的产品没有生存的空间。

在发展过程中，拼多多所遭受的争议要比阿里巴巴和京东更多，侵权和假冒成为拼多多面临的最大问题，尽管公司一直在进行整改。拼多多在2018年8月22日晚发布的《关于整治涉嫌销售假冒侵权商品的公开信》显示，2018年8月2日—9日，拼多多强制关店1128家，下架了近430万件商品，这样大的力度显示了拼多多打击侵权和假货的决心。

拼多多在尽最大努力保护其品牌形象，但形势依然很严峻，尤其是随着拼多多的高速成长，侵权和假冒问题被不断地放大，一度成为大家批判的重点。

一边是疯狂的增长以及用户的不断增加，一边是铺天盖地的批评，这让拼多多陷入挣扎。不久，拼多多内部发生了两件大事。

2021年3月17日，拼多多的创始人黄峥在2021年度致股东信中宣布卸任CEO，原CTO陈磊接任CEO，同时黄铮持有的1:10的投票权也失效，名下的股票则在3年之内不准出售。虽然早在前一年，黄峥就在内部表示要退出，但还是引起了行业和整个资本市场的震动。作为一个低调的人，他不希望自己处在镁光灯下，不希望自己被“拼多多董事长”和“年轻富豪”等头衔捆绑住，尤其是关于他个人财富的快速增长在社会上争议不断，他不希望卷入舆论的旋涡之中。

第二件事就是股权分配。黄峥主动出让部分股权，用于合伙人建设和慈善事业。在出让股权之后，黄峥的个人持股比例从原先的43.3%（大部分自己持股，小部分为名下公司持股，拥有一些小股东）降低到29.4%，与此相对应的是，黄峥所拥有的投票权也从原来的88.4%下降到80.7%。这个转变明显和他之前的表态不同；在拼多多上市第二天的全体员工大会上，有员工问黄峥：“公司上市之后，员工有没有期权？”黄峥直接回复道：“没有。”这个简短的回答让大会的气氛降到了最低点。其实对于电商企业、互联网企业来说，股权分配已经成为一种共识，无论是阿里巴巴，还是其他公司，都在想办法通过股权分配的方式提升员工的工作积极性，提升内部的凝聚力。

彼时的黄峥希望强化个人对拼多多的掌控，确保拼多多不会偏离轨道。可是随着拼多多的快速发展，面临的争议越来越大，黄峥意识到一个问题，一旦自己的形象受到损害，那么依照当时的股权结构，整个公司很可能会陷入危机，如果自己选择退出，稀释股权结构，那么他个人无论怎样，都不会对整个拼多多产生太大的负面影响。

同时，随着拼多多的快速发展，内部的管理必须跟上发展的速度，而且从长远的角度来说，必须留住人才，还要建立起人才梯队。此时的黄峥慢慢转变了思维，将股权分给更多的员工。黄峥说：“我希望通过这次调整，管理层可以逐步把更多的管理工作和责任交给更年轻的同事，让团队加速成长，让拼多多成为一个更好更强的持续充满创业活力的公司。”出于对拼多多长远发展的考虑和处理危机能力的考虑，黄峥选择退出和稀释股权，尽可能淡化个人对团队的影响。

在过去，很多企业具有明显的创始人情结和个人英雄主义，企业家或者创始人的个人印记非常重，几乎成为整个公司的代名词，对于初创公司而言，这种迹象更为明显，而且为了提升掌控力，企业家往往会牢牢地将股份掌控在自己手中。当企业家个人的能力比较出众时，企业的起步发展往往具备一定的优势，可是随着企业规模的扩大，个人能力的局限性以及个人印记，对团队文化的伤害会不断加大。

举一个最简单的例子，当一家公司的创始人退休之后，首先，由于缺乏一个具有绝对权威的领军人物接班，企业管理变得一团糟。其次，创始人退休后，公司的品牌将受到打击，无论是消费者还是客户、合作伙伴，都会担忧这家公司是否还能够继续保持良好的发展势头，企业的品牌是否还会那样值钱？最后，由于创始人掌控了大部分股权，员工基本上处于“为老板工作”的状态，工作积极性会受到影响，不会真的付出自己的全部实力为公司卖命。

对于个人英雄主义盛行或者个人印记非常明显的企业，企业往往看起来很强大，实际上非常脆弱，一旦企业家个人遭遇困境，形象受损，或者退休，整个企业就会失去最大的依靠。一家真正优秀的企业应该淡化企业家个人的形象，在整个团队中，没有谁是不可替代的，包括企业家本人，这样的企业可以依靠内在的文化基因源源不断地培养人才，形成一个较为合理的人才梯队。与此同时，大家可以积极参与到团队的建设和发展当中，为整个团队的进步出工出力。

黄峥的退位和出让部分股权，既显示出他的高瞻远瞩，也表明他在无形中受到段永平的影响。段永平40岁就退出步步高一把手的位置，还将公司的股权稀释到了10%，仅从这一点来看，黄峥成了段永平第二。黄峥曾说："老段对我的影响非常大，陈明永是大徒弟，沈炜是二徒弟，金志江是三徒弟，我算是下一代的四徒弟。"

除了以上几点，黄峥在很多方面的行事风格都具有段永平的影子，提拔一个技术出身的高管担任接班人，将个人股票用于慈善计划，不喜欢与媒体打交道，不喜欢自己的名字出现在各大富豪榜单上，这些都具有比较明显的段式风格。

在黄铮宣布退休之后，拼多多的发展也经历了一些起伏，但无论怎样，段永平一直都在关注它。2021年12月6日，段永平突然发文："看不懂拼多多的商业模式，但觉得他们对农产品的支持还是非常有意义的。准备再次风投一下。"这一次风投，段永平直接锁定了70万股拼多多股票，交易金额达到了3,500万美元。为什么段永平看不懂拼多多，却还要再次风投呢？只要仔细观察，就会发现这一次风投的背景恰恰是拼多多股价大跌，整个2021年，拼多多的市值直接蒸发了超过1.1万亿元，同年8月份，拼多多设立"百亿农研专项"，段永平于是借着对这个项目的支持进行风投。有意思的是，受到段永平风投消息的影响，2021年12月7日，拼多多的股价上涨了12.53%。

企业内部需要反对的声音

2008年，伯克希尔·哈撒韦公司投资了比亚迪公司。此举在业内引起了轰动，而促成这一次投资的正是投资大师查理·芒格，他在朋友的推荐下知道了比亚迪。经过分析之后，他很快对比亚迪产生了兴趣，并下定决心投资这家新能源科技公司。不过为了保持谨慎，他乐于倾听任何一种反对意见，尤其是来自精英阶层的反对意见。他会针对这些反对意见进行分析和解答，确保能够找到更多的证据来证明自己的判断和决策是正确的。他多次强调："如果我不能够比全世界最聪明、最有能力、最有资格反驳这个观点的人更能够证明自己，我就不配拥有这个观点。"他的想法很简单，对于那些准备重仓投资的人来说，最重要的不是听那些与自己观点相同或者相似的想法，不是听与自己想法相同的人的观点，而应该更多地倾听反对投资比亚迪的声音。只有在倾听了最聪明人的反对声音后，仍旧坚持自己的观点，才能真正证明自己的分析能力和决策能力。

据说在说服巴菲特投资比亚迪时，芒格甚至说比亚迪老总王传福是“爱迪生和韦尔奇”的合体，让巴菲特一时间错愕。巴菲特本人早期并不看好比亚迪，认为比亚迪缺乏真正能够打动自己的东西，但芒格还是将他说服了。除了巴菲特，段永平也不看好比亚迪，他曾经跟着巴菲特一起出席了一些相关的活动，并见到了王传福本人，对比亚迪也做过一些分析。在他看来，比亚迪并不是一家拥有护城河的企业，尽管它具有成本优势，但这种优势肯定无法长久。他也不能理解比亚迪为什么要四面出击，似乎是对自己的技术缺乏信心。

当然，段永平也认为这只是自己的一家之言，并不绝对正确。而从目前比亚迪在新能源汽车领域的影响力以及芒格与巴菲特的投资回报来看，可以看出芒格的先见之明，这位超级投资者的确在全世界最聪明的反对者面前证明了自己的观点是正确的。

有人认为芒格的境界比其他人高，但在段永平看来，这件事的重点不在于孰强孰弱、孰高孰低，而在于一种出色的企业内部文化，那就是敢于质疑、否定和批判的企业文化。简单来说，就是每一项决策都会出现质疑和反对的声音。伯克希尔·哈撒韦公司在过去几十年能够稳定增长，不仅仅在于巴菲特强大的领导力，还在于每次的重要投资都会有重要人物质疑，大家会在一种更高的思维层面进行讨论，确保投资处于一种稳定、安全的水平。

在通常情况下，人们希望自己的想法和决策得到大家的认同，愿意他人给予自己足够的肯定，可是从科学性的角度来分析，这种想法可能会酿成大错。个人的能力、精力以及思维广度有限，不可能考虑到所有的问题，也不可能对所有的问题进行认真分析，总会存在一些遗漏和偏颇之处。而这些遗漏和错判如果没有人指出来，就有可能引发一些严重的错误。

在团队中，这种情况更为常见，比如在一家公司中，领导在开会的时候提出一个项目方案，很多人碍于情面会毫不犹豫地选择认同，结果这个方案在推进的过程中漏洞百出，严重影响了公司正常的发展。之所以会出现这样的情况，就是因为内部的盲目认同，使得很多问题没有被挖掘出来，甚至连这个项目到底是好是坏，也缺乏足够的验证。

随着步步高系分离出来的三家公司不断发展，段永平选择不断淡化自己的影响力，以至于很多人不清楚OPPO、vivo、步步高电子教育与他的关系，但他的主动隐身并不意味着对企业的发展不闻不问，作为三家公司的大股东以及幕后的大老板，段永平更多的时候扮演着精神导师的角色。但他在扮演这个角色的时候，并不仅仅是为了激励员工，很多时候他会选择扮演一个督促者和批评者的角色，比如他曾经这样定位自己在公司中的角色："我在公司里是个反对派，几乎做什么我都会提反对意见。如果连我的反对意见大家都不怕时，不管做什么我都会放心一些。我最怕的就是，老板说什么，大家都说'好'，那时公司就危险了。当然，前提是，我认为我的很多同事在许多方面比我强。如果老板认为自己是公司里最聪明的人，就很难认同我这个观点。"

在他看来，一家健康的公司需要有强大的批评文化，必须要有人站出来提中肯的反对意见，反对意见存在的目的通常有两种：第一种是推翻那些未经证实的推测，推翻那些不科学的观点，避免企业误入歧途；第二种就是通过各种反对意见，找出其中存在的问题和风险，提前进行分析和预防，避免企业走弯路，提升执行的效率。

段永平非常认同这种批评文化，在他看来，如果公司里是一片表面和谐的局面，就会导致很多问题被掩盖，并引发严重的内部危机。实际上，在步步高公司一分为三，并且逐渐发展成为OPPO、vivo和步步高电子教育三大公司的时候，段永平也经常会在微博上发表自己对三家公司发展的看法，对于其中一些不理解的地方，他还会毫不留情地提出质疑。

比如最近几年，OPPO准备扩大自己的产业，向家电领域进军，这让段永平觉得很不理解，多次在网络上表达了自己的疑惑。在他看来，OPPO只需要做好手机以及相关的产品就可以了，没有必要贪多贪大，虽然眼下的科技公司依靠单一产品生存会很困难，必须在频繁而剧烈的行业变化中寻找新的出路，但是段永平仍然认为OPPO的扩张行为有些莽撞。段永平之所以经常泼冷水，就是为了让决策者做更全面、更深入的思考，考虑更多的潜在风险和危机。对于这些志在走向国际市场的公司来说，段永平认为必须有更加健全的决策机制。

如果再往前推导，就会发现早在创办小霸王公司的时候，他就对公司内部落后的体制进行了质疑：公司一开始只是安于组装业务，他提出了反对；员工待遇太低，他提出了反对；内部股份分配不合理，他提出了反对。正是因为这些反对，小霸王才可以成长为当时行业内最具竞争力的品牌。

段永平坚持在公司内部打造一种敢于质疑和反对的文化，毕竟任何一种伟大的文明，任何一项先进的技术，任何一个优秀的工程项目，都是在质疑声和反对声中出现的，只有面对更多的反对，才能考虑到更多的问题。在退休之后，段永平基本上不掌控步步高的实权，但会在必要的时候给予三家公司的负责人一些提醒，尤其是当公司内部要做一些重大的决策时，段永平更愿意充当反对者和否定者的角色，他会给出一些反对的理由。

一个团队、一家公司都需要有人提反对意见，当领导者或者精英人士提出某个好的方案时，下属应该积极提出不同的想法，甚至是一些立场完全相反的观点。这样做可以丰富或者拓宽讨论的范围，完善公司的决策，确保决策的科学性和合理性。比如，欧洲一家公司，管理者提出了一个要求，在11个人的会议中，必须至少要有一个人提出不同的反对意见，并给出具有说服力的理由。大家需要针对反对意见进行深入探讨。如果一个项目的通过率达到11票，可能就意味着这个项目还不成熟，公司往往会重新开会进行讨论，直到有人站出来提出中肯的反对意见为止。

华为公司里则设置了蓝军和红军，红军主要负责对相关流程进行设计和规划，蓝军存在的目的就是针对红军的设计和规划进行挑刺和批评，用“吹毛求疵”的方式找出红军设计流程中存在的各种问题和缺陷。类似于蓝军的“挑刺”行为就是内部管理中一种非常高效的逆向思维，蓝军负责优化相关的工作流程，可以帮助流程规划者更简单明了地看到流程中容易被忽视的问题，看到一些潜藏很深的危险因子，及时加以改正。

在柯达公司的走廊里，存放着一大堆建议表，员工可以将自己的建议和反对意见写在建议表上，然后丢入任何一个信箱。这些建议表很快会被送到相关部门进行审议，公司需要收集更多的反对意见来完善自己的决策，如果反对意见被采纳，提出意见的人就会受到公司的嘉奖。很多世界级的大公司，存在这类制度。比如，腾讯公司就设有学习墙，每一个员工都可以上台发表讲话，阐述自己的想法和愿景，甚至对公司的发展提出批判，公司乐于让员工说出自己内心真实的想法。国内还有一些公司会创办一个内网，公司内部的人可以在内网中发表各种建议和意见，对公司中存在的一些不合理的地方进行指正。

段永平一直强调做对的事情，然后把事情做对。在他看来，在团队内部提出反对意见，敢于质疑权威，敢于在鸡蛋里挑骨头，就是在做正确的事，就是在执行正确的指令和文化，对于整个团队的发展有重要的推动作用，也只有这样做，人们才能真正将事情做好，才能找出各种不利因子。随着他在各行各业进行布局，对于形势的把握以及发展要素的思考会更加谨慎，因此他一直在努力“找问题”，确保各家公司可以安全前行。

第七章

哲学与人生：回归本源

段永平带有一种自然而然的人格魅力，只要和他接触一段时间，人们就容易被他身上的特质所影响。这种人格魅力与他对待生活、对待工作的态度有关，或者说同他的哲学思维有关。作为一个企业家、一个投资人，段永平的神秘之处在于他总是能够以一种哲学思维来经营自己的生活和事业，并且达到了一种很高的水平。

懂得享受生活，挖掘生命的快乐

在众多的知名企业家当中，段永平绝对是一个异类，这不仅体现在他两个不同阶段的辉煌成就，更在于他对生活的态度。比如前期他最大的梦想就是创业，而且几乎将大部分时间和精力耗在上面，这就使得他错失了很多个人生活。他曾说过这样一句话："我的乐趣就在工作中，做企业是我的一种生活方式，工作的目的不在于赚钱。"事实上的确如此，段永平没有把赚钱看得很重，否则他也不会为员工的股份和利益"出头"，离开自己一手打造的小霸王公司，创建步步高公司后，更不会将步步高股份分给员工，也不会将大权分给弟子而自己离开公司。因为他知道，如果一个人将个人财富的增加当成快乐的源泉、将财富的积累当成个人成功的标志，那到头来可能会让自己陷入困境。

巴菲特说自己做投资不是为了挣多少钱，而是享受投资挣钱的那种乐趣，段永平也是一样，他觉得最快乐的事情就是享受挣钱的过程。事实上，财富与个人精神体验之间常常有一种特殊的关联，很多人喜欢将财富与个人的美好体验联系在一起，将获得更多的财富作为人生快乐的一个标准。但有些人淡化了财富本身的影响力，也不想成为财富的奴隶。

段永平真正活出了自己的境界，相较于实现某个目标，他更加享受追求目标的过程，这一点在他的投资上表现得很明显，而这也和他的性格息息相关。当回到母校浙江大学的时候，他曾谈到本科四年的学习生涯。他当众承认自己大学四年不知学了什么东西，都忘掉了，但是他却非常怀念那一段时光，觉得自己那段时间非常快乐。对于创业也是一样，他从来不要求自己必须挣到多少钱，也不要求自己一定要获得什么样的成就，只是为了体验整个过程。

有一些企业家留恋待在权力中心的“感觉”，他们不愿意放权，不愿意剥离领导者的光鲜。段永平却没有这样的负担，他到40岁就很洒脱地远走他乡，把企业家的身份和自己一手创办的产业留给他人。在段永平看来，钱多了并不一定就会快乐，有可能会生出烦恼，“有些外在的东西是外人对你的评价，但你自己是不是感到快乐，我觉得这个特别重要。快乐人生才是最大的财富。我见过太多的例子，很多人因为有了钱以后变得不快乐了，而我个人认为如果一个有钱人因为钱而不快乐是很愚蠢的”。

作为从国内走出去的企业家和投资人，段永平对于国内的情况非常了解，他觉得中国人敢于打拼，最大的优点就是勤劳朴实，但在打拼的过程中，他们可能会将精力全部投入工作，忽略了对生活的享受。有一年，段永平回国接受某电视台的采访，当主持人问他希望给年轻人什么样的忠告时，他想了想，这样说道："如果一定要说，那就是享受生活，这是人来到这个世界上的目的。"

这种认知让他对生活有了更多的渴求，也在无形中影响了他对生活的态度，并且成为他的人生哲学。2001年，他离开步步高公司，移居美国。在美国的日子里，段永平开启了下半场人生，并有了更多的时间陪孩子、妻子，也有更多的时间自由安排自己的活动。这让他对于生活的认知更上了一个台阶，从一些生活小事情上就可以体现这一点。

据说，某一天，段永平和朋友打球回来，突然发现家里聚集了近一百人，包括亲朋好友以及邻居，他还以为发生了什么大事。可是当看到家里的布置时，他才反应过来，原来那天是他的生日，妻子瞒着他偷偷搞了一个大型派对。

向来低调的段永平很少举办派对。在他的印象中，生日也很少过，小时候家庭条件有限，生日基本上不过，即便父母记起来，也不会有丰盛的饭菜。创业之后，他天天忙于工作，没有时间给自己过生日。结婚之后，妻子刘昕会记住段永平的生日。段永平每次都提醒妻子说生日不需要任何活动，家里人简简单单在一起吃个饭就行了，妻子表面答应，暗地里却精心筹备了一场盛大的生日派对。

段永平觉得派对活动有些高调，但内心很欢喜，即便是过了一个星期，他还是对这次的派对念念不忘，心里满是感动，想着生活很美好，自己没有任何理由不去享受。

这一次的经历对他触动很大，他发现要想真正融入美国的生活，就得与身边的人打成一片，以一种开放式的生活状态迎接所有的朋友，而这也让他变得越来越放松。他不仅陪家人一起滑雪，还经常和朋友一起打高尔夫球。段永平非常喜欢打高尔夫，算得上是一个不错的高尔夫球手。为了过一把瘾，他特意邀请高尔夫大师“老虎”伍兹一起打球。

有一段时间，他对环球旅游产生了强烈的兴趣。投资大师罗杰斯因为环球旅游而成为业内美谈，这种洒脱的生活态度让段永平非常羡慕，他无数次设想一家人前往世界各地旅游的场景，无论是欧美等国的重点城市，还是国内的名山大川，他都希望带着孩子一一领略。

对于运动的痴迷，让段永平找到了一些额外的乐趣，而这些正是他在国内创业的时候没有享受到的，他自己也非常珍惜。其实，有很多企业家酷爱运动。比如，甲骨文老总拉里·埃里森喜欢帆船比赛，谷歌创始人谢尔盖·布林喜欢跳伞，搜狐网创始人张朝阳喜欢登山和跑步。运动可以帮助人放松身体，缓解工作压力，锻炼个人的意志力，还有很重要的一点就是可以联络感情。对于段永平而言，他有足够的时间来体验这一切，让自己与身边的人紧密地联结在一起。

在陪同家人、朋友一起运动之余，段永平也有自己的事情要做，比如打网络游戏、进行投资。尤其是投资，这是他身份转型的一次重要尝试，也是一次成功的尝试，很多人认为段永平只是耐不住寂寞，想要复出多挣一点钱。段永平笑着承认，投资的确带来了更大的收益，他曾劝说辞去CEO之职的黄峥也做投资，但绝对不是因为想要挣更多钱。对于自己从企业家到投资者的转型，他更多的解释是“快乐”，创业有创业的快乐，投资照样也有投资的快乐。

段永平有一句投资口头禅“Just for fun”，意思是玩玩而已。在他看来，投资和创业、运动一样，是体验生活的一种方式，最重要的就是可以尝试新的生活乐趣。他不仅仅是说说而已，如果认真进行分析，就会发现段永平的投资并不多，也没有刻意去做更多的投资，很多时候只是恰好遇上了好的项目，或者单纯来了兴趣，他就会投资一笔钱。

人们很难想象一个热衷于投资或者将投资当成主要工作的人会没有办公室，作为一个独立的自由的投资者，段永平始终以兴趣为指导，因此没有自己的办公室，做投资基本上也是在家办公。不仅如此，他没有一个耀眼的投资者身份，也不打算办一家投资公司；他很少做投资，只是兴趣到了，又恰好发现了一家不错的公司就去投资；他没有任何盈亏的目标，挣了钱不会自吹自擂，亏损了一笑而过；他没有刻意把投资当成一份工作，反而有更多时间去做其他的事；他甚至尝试过不同的投资方式，只是为了尝鲜。

他所掌握的资金中，有很大一部分是朋友们的。他帮忙管理和投资，不收取费用，他只是觉得很好玩，大家在一起投资非常开心，而且自己可以帮助别人。由于出色的投资能力，不少人慕名前来，愿意把钱交到段永平手上，而他也乐于结交新朋友，却从来没有刻意经营一个圈子。大家经常在一起交流信息，谈谈对某只股票的看法，彼此之间给一点建议和意见，甚至泼一盆冷水。

有一次，他兴致勃勃地买了一只股票，一次性购买了不少，很多朋友都有意跟进。段永平一下子就紧张了，拦住了大家，劝说大家不要跟风，因为这家公司的价值不高，很有可能会出现亏损，自己之所以投资，只是希望通过购买大量股票成为这家公司的董事长，然后他就可以更加清晰地了解一家美国上市公司究竟是如何运营的。事后也像他所说的那样，这家公司的股价一直下跌，段永平亏了一大笔钱，但是他也趁机了解了这家公司运作的一些基本情况。投资做到这样任性的份儿上的人，似乎也只有段永平了。

段永平对于投资和投机有着自己的认知，在他看来，投资和投机有着本质的区别，一个寻求稳定而长远的发展，一个追求暂时的利益。拥有投机心理的人往往喜欢冒险，做一些自己无法掌控的事情，甚至在自己不熟悉的领域内进行操作。段永平曾经说过：“老实讲，我不知道什么人适合做投资，但我知道统计上80%~90%进入股市的人都是赔钱的。如果算上利息的话，赔钱的比例还要高些。许多人很想做投资的原因可能是认为投资的钱比较好赚，或来得比较快。作为既有经营企业又有投资经验的人来讲，我个人认为经营企业还是要比投资更容易。虽然两者没有本质的差别，但经营企业总是会在自己熟悉的领域，犯错的机会小，而投资却需要面临很多新的东西和不确定性，而且投资人非常容易变成投机者，从而去冒不该冒的风险，而投机者要转化为真正的投资者则可能需要更长的时间。”

与巴菲特贬低投机行为不同，段永平对于投机的行为更加包容，很多人认为投机是一个贬义词。投机者只会干损人利己的事情，为了自身的利益，会做出违背法律和道德的事情。然而，无论是在一级市场还是在二级市场，投机者都不能被简单地定义为“坏人”，他们只是选择使用一种更加冒险的方式来获得财富。比如一只垃圾股的股价突然开始上涨，投资者可能会避而远之，不会出手购买股票；而投机者则会在股价上涨之初就快速把握机会，购入大量股票，然后等到上涨到一个满意的价格时迅速抛售。虽然之后的股价一路下跌，但是由于抛售及时，找到了更好的接盘侠，他们可以获得很高的收益。

段永平认为投机者并非大奸大恶之徒，与投资者一样，他们只是按照自己的思路进行操作，并且合理利用了市场中的运作规则，唯一不同的是，他们需要承担更大的风险。段永平认为投机需要很大的技巧，不是所有的人都可以轻松驾驭，自己并不擅长这些，因此抱着“玩玩看”的心态做过几次投机。这就类似于赌博，可能一个人会花几百元赌博，或许几天之内挣到几千或者几万，但投资并非如此，几天之内挣到10倍的钱不是投资，也没有必要当成投资故事来讨论。真正的投资可能需要拿出几百万元做几年或者几十年的项目，而投机的人很少有魄力拿出几百万元去赌。当然，也有一些投机高手，他们每天依据市场变化做精确的调整，类似于索罗斯这样的高手更是能够在市场上获得很高的收益。

说到底，段永平是一个非常率性的人，他懂得如何创业，懂得如何经营一家企业，懂得如何进行投资。这一切都源于他懂得如何生活。只有一个善于把握生活、了解生活、会经营生活的人，才能够在不同的角色、职业中转换自如。

有趣的是，段永平非常喜欢写点东西，一直有在网易上写博客的习惯。虽然发表的文章不算多，但是每一篇都有过万的阅读量，他还有275位博友。2018年11月30日，网易博客停止运营，他直接去了著名的社交网站雪球，与网友分享自己创业、投资的经验和理念，向更多的人展示自己在生活和工作中的哲学。

“投资是我的爱好，慈善才是我的工作”

随着OPPO、vivo以及步步高教育电子有限公司的快速发展，段永平从中获得的收益一直水涨船高，加上他在投资领域内的不断尝试，积累的财富越来越多。这些财富已经大大超出了日常生活所需。面对庞大的财富，如何管理似乎成了一个课题。

段永平和妻子刘昕都是非常低调的人。在成为亿万富豪之后，段永平对于财富反倒看得很开了，他和妻子也不打算持有那么多的财富，钱多了反而会是一个祸害。段永平对此笑言：“我现在的目标就是如何把这些钱花出去。我发现，花钱比赚钱难。”夫妻俩也不打算将那么多的钱全部留给孩子，孩子们应该依靠自己的能力去创造财富。他这样说道：“我人生的很多快乐来自获取财富的过程，不能剥夺孩子的这份快乐。”夫妻俩觉得只需要给孩子留下一部分备用的钱，以防遭遇困难时不至于穷困潦倒，剩余的钱没有必要都留给孩子，所以两个人设立了一个基金，孩子每隔5年可以领一笔钱，用于基本的生活开支，而将大部分钱捐赠给真正需要的人。

经过慎重考虑，两个人想到了一个花钱的好方法，那就是做慈善。有很多企业家和商人做慈善，比如巴菲特、比尔·盖茨。美国的慈善活动非常兴盛，这和美国的税收政策有关，很多地方的州税与联邦税加起来很高，但是将股票捐给慈善组织和基金，就可以抵税，这对富豪们来说是降低税收支出的一个好方法。段永平的一个优势在于，他比很多企业家更早地领悟到慈善的价值和意义，他不像国外的一些富豪，到了70岁才开始思考做慈善，而是趁着年轻就大胆去做，而且他从来不是通过做慈善来降低个人的税收，这不是他做人做事的风格。

与有些企业家做一些空头的承诺相比，段永平夫妇是真正将慈善付诸行动的人。2005年，当他们想到做慈善时，立即动手成立了一只家庭慈善基金，这个基金的主要慈善方向是教育领域。一开始，他们就给家附近的学区提供了一支等额配比基金，当时学区的老师正在四处募捐，段永平夫妇立即做出了善意的举动。某一天，当募捐的老师在社区里见到段永平夫妇时，表达了感谢，这让夫妇俩感到很舒心，两个人无意借慈善出名，也不是为了获得赞美和奖赏，但是当收到感谢时，内心还是产生了强烈的满足感和价值感。

段永平事后一直在回味这一幕："他的那个表情让你感觉得到他是在说'谢谢'，但旁边没有任何人知道，你不会觉得很夸张。这就是我希望的那种感觉，you are nobody（你谁也不是）。”

不久，段永平开始关注中国留学生这个特殊群体。众所周知，美国很多大学的学费非常高，不是一般家庭可以承受得起的，如果留学生的家庭条件一般，而且无法获得全额奖学金，那么将会承受很大的经济负担。于是，段永平在斯坦福大学成立了两个中国留学生基金。

虽然段永平移居美国，但他一直心系中国。2006年9月21日，段永平联合丁磊一同向浙江大学捐款4,000万美元（其中段永平捐款3,000万美元）。2009年12月，段永平再次为浙江大学捐款760余万元人民币。2010年2月28日，段永平和妻子作为中国人民大学的校友，为中国人民大学募捐了3,000万美元。这里有一个小故事，早在2009年11月10日，段永平回到中国人民大学时，与校长纪宝成谈起了捐赠事项。段永平直接问校长：“你希望我捐多少？”纪宝成愣了一下。段永平随即笑着表示自己给浙江大学捐了3,000万美元。

段永平在次年的2月底捐了这笔钱。一个月之后，段永平夫妇又捐赠了350万元人民币给中国人民大学。2011年大学校友捐赠排行榜上，段永平夫妇以4.47亿元人民币的捐赠额名列第一。

这份名单还可以列得更长：2008年5月14日，段永平向四川汶川地震灾区捐款300万美元…… 2018年3月，段永平以父亲的名义给南昌工程学院捐款500万美元。多年来，仅仅有记录的国内捐赠，就超过了5亿元。

需要特别说明的是，2008年9月，段永平夫妻二人在中国民政部门注册成立了心平公益基金会，专门用于支持国内贫穷地区儿童图书馆的建设，致力于为孩子们创造一个更好的学习环境。心平公益基金会是以段永平夫妇名字的谐音命名的，这样做一方面是为了避嫌，符合夫妇俩一贯的低调作风，另一方面也体现出了两人以平常心对待公益和慈善的态度。

该基金秉持透明的运作原则，任何一笔捐赠和开支都记录在册。2009年，心平公益基金就做了三笔大额捐赠，不仅如此，它还与17家公益合作伙伴共同捐助了67间校园、乡村和社区的图书室，丰富了受助者的精神文化生活。这些开支接近1,900万元，不过管理费占总支出金额的比例只有3.08%，可以说以最低的开销做成了最大的事业，这符合夫妇俩做公益、做慈善的态度。

在谈到慈善和捐赠的时候，有一件事曾引起风波。2010年2月28日，段永平夫妇为中国人民大学募捐3,000万美元之后，他就收到了一封来自中国人民大学的邮件，发件人是自己的学妹。她在邮件里写道："很高兴你给人大捐款，'至少'比那个张磊好。"

张磊是高瓴集团创始人，两个月前为母校美国耶鲁大学捐款888万美元，这也是美国耶鲁大学史上获得的最大一笔毕业生个人捐赠。张磊本科毕业于中国人民大学，同样是母校，他为什么不给中国的母校捐钱呢？这引发了网友的嘲讽，认为他崇洋媚外，这个学妹的观点表达了当时很多人的心声。

面对学妹的邮件，段永平不知道该说些什么。对于这类捐款问题，他之前从来没有想过，他直接回了一封邮件，他觉得张磊没有做错，正当的捐款都应该鼓励。此外，对于学妹提到的“至少”，他觉得有待商榷。

不久，段永平在深圳接受了《中国企业家》的采访，并主动谈到了这封邮件，他对邮件的内容以及发件者的态度表达了自己的看法，认为社会不应该对捐赠人本身提出太多的苛求，有人称赞他把钱捐给中国，但实际上他承认自己也给斯坦福大学捐了不少钱，何况斯坦福大学还不是他的母校。

事实正像段永平说的那样，张磊在2017年一口气给中国人民大学捐了3亿元人民币，之后又投资了西湖大学，并没有像网友所说的那样，“只懂得给外国人捐钱”。

他认为：“骂张磊那些人，99.9%是不捐钱的。每个人站的角度不一样，这世上肯定有比你的捐助对象更需要钱的人，但你不一定知道。就像比尔·盖茨将几十亿美金捐到非洲，难道全美国人民就应该骂他？按这种逻辑，巴菲特就更过分了，把他的钱捐给一个比他更有钱的人（捐给盖茨的基金会）去支配！这个世界不就乱了吗？”

段永平认为大家没有必要过度解读捐赠行为，重要的是有更多的人愿意去做这些事，愿意给予需要的人一些帮助。多年来，段永平夫妇在国内外捐出了大量的款项，其中有很多是不为人知的，两个低调做慈善的人根本没想着要借助慈善来打造一个更好的“人设”。许多人认为段永平为华人以及华人企业家做出了很好的榜样，也尽到了一个企业家应有的社会责任。对于这些褒扬，段永平看得很淡，他觉得当人到了某个阶段时，就会想到做慈善。自己就到了这个阶段，根本没有什么值得炫耀的，也不是多么高尚的事情，更没有想过要成为谁的榜样，就像吃饭喝水一样，他认为慈善就是一份工作，与卖水果、卖手机，或者在单位上班没有两样，夫妇俩还会继续做下去，确保个人的财富以更有意义的方式回馈社会。

他非常反感别人说自己是慈善家，从来不觉得自己是一个慈善的人，因为“慈善”给人的感觉始终是居高临下的，但人人生来平等，没有谁比谁更高一等。

当然，他坦言捐钱比挣钱难多了。因为挣钱的时候，自己待在一个熟悉的环境和产业中，捐钱却是陌生的，需要学习和了解的东西很多，需要不断摸索新的模式。他觉得自己的力量很渺小，所以不仅自己做慈善，还间接地带动朋友一起做慈善。比如段永平在投资的时候，一直负责帮朋友投资，他手里有十几个好朋友的账户，在帮忙投资之前，段永平就做了一份声明：朋友不能干涉他的买卖，也别着急，别老是问他，所有人自负盈亏。但挣到钱之后，不能把钱独吞了，必须拿出15%~20%的钱捐款。朋友基本上会把钱捐出来，有的人还会多捐一些，这样就形成了一种很好的风气。

段永平曾经说过，中国的慈善活动还不够完善，因为没有建立起推动慈善事业，以及与慈善事业相呼应的配套机制。但目前中国的慈善活动越来越多，慈善家也越来越多，他们在积极地推动慈善事业的发展，段永平真心希望中国的慈善环境会变得越来越好。

为了提升捐赠的有效性，段永平在浙江大学捐款时，建立了等比配的捐助机制。简单来说，浙江大学不能直接从慈善基金中拿到钱，只有当其他人给浙江大学捐款时，等额捐赠基金就会给出同样数目的捐款。在一般情况下，单笔项目出资不会超过100万美元。这个捐赠机制是雅虎创始人杨致远和斯坦福大学、惠普研发有限合伙公司联合建立的，段永平听说后觉得很有效，于是直接采用。在他看来，慈善应该是每一个公民的责任，大家都应该积极参与，这样可以刺激校方和捐款人募捐的积极性，而且捐款资金的用途也有了充分的保障。

在接下来的多次捐助中，段永平积极建立更加有效的捐赠机制，确保每一笔捐赠可以得到合理的运用。比如他会要求构建一个完善的运作机制，确保员工考核、工作推进、活动举办等顺利进行，同时不会在落地实施时给地方带来压力和负担，一切开支都是慈善基金内部消化，整个系统有专人负责、管理和监督，这样就减少了不必要的损耗，也可以有效杜绝贪污慈善款事件的发生。

在对待自己的慈善事业上，段永平始终保持专注和理性，所有的慈善活动都被安排得井井有条。更重要的是，他一直认为慈善是一项社会性的活动，不应该是某个人或者某一部分人的责任，而是整个社会的义务，只有推动更多的人参与，才能真正将这项有意义的工作做好。

看透事物的本质，保持平常心

1999年，段永平被评选为亚洲商业与金融界“千禧年行业领袖”时，他谈到了步步高的未来发展，说了一句非常理性的话：“做企业就像下围棋，每一步都要考虑得远一些。下围棋只要有了两个眼，就活了，但我感觉我们目前还没有‘眼’呢，危机四伏。我敢说目前还没有哪家企业有了‘两个眼’，一不留神就会被劫杀。”

段永平的这段话似乎过于自我贬低了。要知道，1999年的时候，步步高在三个行业（视听、电子教育、通信）中做到了行业第一，可是步步高从来没有对外宣传自己是行业第一。在段永平看来，这样的宣传没有什么意义，因为消费者不可能因为你是行业第一就购买相关的产品，他们更加看重产品的质量。段永平有心将步步高打造成像“松下”那样的国际知名品牌，但是步步高从未对外宣传过类似的口号。

有人曾经问段永平未来5年的目标是什么。段永平非常直白地说自己没有那个水平，看不了那么长远，也不想像其他企业家那样，动不动就制定30年甚至50年的发展目标。他认为，企业的发展需要循序渐进，需要一步步地走。

当步步高如日中天的时候，为什么段永平会表现得如此克制呢？这一点从他的一段谈话中可以窥见一二。在某次接受采访时，他谈到了自我克制的重要性："往往，企业规模越大，要保持平常心就越难。对一个新企业来说，它唯一的目标就是生存。小企业去尝试一件事的时候，它的机会成本很低，失败了，再来，谈不上有多大的损失。在美国，95%的创业企业是要失败的。但是在企业有了一定规模的时候，管理者要保持平常心就有了一定的难度，因为他可以选择做的事情变多了，选择的范围大了，同样，他犯错误的可能性也就大了。大企业比什么？比谁犯的错误少。"

按照段永平的理解，企业做得越大，个人越是难以守住一颗平常心，免不了要去冒险做能力之外的事情。在这里，所谓的平常心，指的就是回归事物的本源，而了解事物的本源不是一件容易的事。以投资为例，投资一般就是购买公司未来的净现金流，别的几乎都是没什么关系的，不过想弄清楚公司未来的净现金流非常困难，当投资者不了解公司未来净现金流时，往往不知道应该投资什么，那么投资就很容易变成投机。段永平强调的平常心就是尽量不要去做自己不了解的事情，哪怕它非常挣钱，也要保持距离，理性对待。

段永平有一个朋友非常喜欢打高尔夫球，球技也不错，这个朋友经常和段永平打球，并且总是想着挑战他，但朋友几乎每次都失败，只有运气好时才勉强赢一局。段永平认为这个朋友虽然有实力，但是沉不住气，打球时非常冒险，哪怕是一些高难度的球，他也不肯一步步打，因此经常在一些冒险行动上输球。

踏踏实实经营自己的项目，踏踏实实做投资，是段永平对自己也是对所有投资人的建议，他强调创业者和投资者一定要对自身能力和发展进行精准定位。一个本分的人应该集中精力做自己能力范围内的事情，因为企业和个人的能力是有限的，资源也是有限的，将有限的资源投入到无限的投资方向上去，企业肯定会出大问题。所以一个聪明的企业家应该在自己的能力范围内集中优势打歼灭战，实行焦点打击的原则，集中最尖端的技术研发最尖端的产品，这样才有机会将企业的品牌做大做强，而不是想着全面发展、全面开花，让自己在更多的领域内拔尖。

早在1998年，段永平就在媒体面前将自己的成功总结为平常心和本分。在那之前，他已经有了把小霸王做成全国第一的辉煌经历，但他始终强调平常心的重要性，只专注于当下正在做的事情，从不刻意追求数据和市场排位。OPPO公司副总裁吴强曾经强调了这种观点和企业文化：“OPPO从来不提口号和目标，不会说3年做到多少万台，也不会说3~5年做到市场份额第一，OPPO做的事情永远是练好基本功，把自己的基础打扎实。”

段永平认为市场排位没有任何意义，真正要做的就是顺其自然，努力保持一颗平常心，这样才能够更稳健地面对自身的发展问题，而这样的认知正是源于段永平非常喜欢的企业：日本松下电器产业株式会社。2003年，段永平去日本松下电器产业株式会社寻求合作，希望双方可以共同研制一款手机，争取把手机做到市场第二或者第三的位置，毕竟当时的诺基亚还是市场上的巨无霸，其地位基本上没有竞争对手可以撼动。

在诚心前往洽谈合作事宜时，段永平会见了日本松下电器产业株式会社一些重要的科长、部长以及社长，但让段永平感到非常奇怪的是，偌大一个公司，竟然没有一个人主动询问段永平为什么要做市场第二或者第三。这一次的经历，让段永平隐约觉得日本松下电器产业株式会社的领导和员工根本不关心企业的未来，于是放弃了合作，步步高系公司开始自研手机。后来，段永平才知道，在日本松下电器产业株式会社，根本没人在意公司排名第几，也不会刻意追求这种虚无的名次，哪怕段永平想要全球第一，他们也不会有丝毫触动。在很长一段时间内，日本松下电器产业株式会社都是段永平眼中好公司的一个标准，而在经历了这一次无疾而终的合作事项之后，他对日本松下电器产业株式会社的认知更是达到了一个更高的阶段。

日本松下电器产业株式会社一直推崇一种素直文化，素直心是指个人不会用偏见、情绪化的思维来看待问题，能够保持倾听、宽容、虚心、博爱的态度，能够用平常心来发掘事情的真相。段永平非常喜欢素直的心境，并且认为它和自己倡导的平常心相似，所以他立即放弃之前喊排名口号的行为。有很多网友曾经问段永平，为什么要将当初的合作定位成市场第二或者第三，段永平没有给出任何回应，显然，他可能意识到了这样的问题没有任何意义，相应的答案也没有任何意义。

有趣的是，当时很多厂商不看好段永平及其背后制造手机的公司，友商甚至在手机发布会上嘲讽一味克制的OPPO和vivo没有见过世面，只会躲在东莞这样的小地方生存，最多也只是东莞品牌，根本成不了世界品牌。但现实的情况是，低调的OPPO和vivo的出货量双双挤进世界前五，就连分离出来的一加手机、realme手机和iQOO手机也成为手机市场上的重要力量。以平常心来看待自身发展的段永平，在看似平平无奇的规划中，最终带领OPPO和vivo成为手机销量排名世界前五的大企业，并且从目前来看，它们的发展非常稳定。

怀有平常心的段永平，敏锐地意识到新时代的企业家和投资者可以有理想，也可以有追求，但更应该学会把握现实。毕竟理想主义者是走不远的，因为这样的人往往好高骛远，同样，那些纯粹的现实主义者很难将业务做大，因为这种人只看重眼前的利益，没有大格局和战略目光。一个出色的企业家应该是现实主义与理想主义的有机结合，能够以平常心看待所发生的事，能够依据事物的本来面目去做事，不违背规律和现实。

严格来说，个人平常心的培养大都和个人日常的生活模式相关。比如巴菲特对待自己的事业就保持一颗平常心，他从来没有想过将伯克希尔·哈撒韦公司做到多大的规模，对于自己的投资也没有设定一个具体的预期成绩，而这样的投资心态和他低调的生活方式相关。作为闻名全球的超级富豪，巴菲特完全可以住世界上最豪华的房子，可以坐最豪华的私人飞机，享用世界上最昂贵的美食。但实际上，他至今仍旧居住在老家奥马哈一栋已经住了几十年的老房子里，开着普通的车上下班，最喜欢吃的是牛排之类的普通食物。他的几个孩子中，大女儿是家庭主妇，大儿子霍华德很聪明，但是一直经营自己的农场，二儿子皮特是音乐家，孙女据说是一家售货店的售货员。

段永平也是如此，在他的身上看不到富豪的派头，平时的穿着非常朴素，还一直都在为钱太多了花不完而苦恼，所以决定捐赠。正是因为生活中的低调和朴素，才让他可以在投资和工作中保持那样的心境，不会因各种诱惑而影响自己的规划。更重要的是，他将这种平常心发展成了步步高系公司的基本文化，影响了一大批与段永平有关的企业家，陈明永、沈炜、黄峥、刘作虎都持有一颗平常心。

这些人在创业和经营的过程中，经历过很多起伏，面对很多的挫折和危机，但是他们始终能够以平常心对待，从来没有想过一定要取得一个怎样的好结果。只要做正确的事情就行，只要努力把事情做对就行，而这就是事物发展的本质。只要把握了这个本质，那么剩下的就可以一切顺其自然，没有必要每一次都去强求一个体面的数据和结果。

敢为天下后

段永平曾经对自己的投资理念进行总结，那就是：敢为人后。与很多投资者争抢着率先进入市场，成为第一个或者第一批吃螃蟹的人不同，段永平在市场定位上甘心做一个跟随者。即便一个市场有很大的发展潜力，他也不会轻易进入，而是等到这个市场变得更加成熟，才会选择合适的时机投资。

很多人表示不理解，毕竟先行者往往具备先入优势，甚至可以凭借技术、人脉构建起投资壁垒，阻止后入者。2007年，段永平上了一档名叫《波士堂》的脱口秀节目。节目快结束时，现场嘉宾突然向段永平“发难”，质疑段永平缺乏前瞻性，缺乏一个优秀企业家应该有的魄力和战略规划能力。在他们看来，段永平的能力是经受市场检验了的，无论是小霸王还是步步高，都表明段永平拥有出色的经营能力和管理能力的，这样的人原本应该将步步高进一步做大做强，加大资金投入搞好技术，然后争取将步步高做成上市公司，努力成为中国版的“苹果公司”。可是段永平却甘愿原地踏步，守着自己的一亩三分地过日子，丝毫没有去国际市场争雄的决心。

针对他人的质疑，段永平提出了自己的想法。

首先，上市不上市没太大的价值。他非常不屑地做出回应：“上市募集那点资金，我打几个电话就解决了。”他一直认为上市应该寻找一个好的时机，而且要解决生产关系的问题，如果上市融资后获得了大量资金，却没有好的投资项目，也不知道如何为社会做更大的贡献，那么可能会造成资源资金的浪费，甚至可能会急于投资而做出错误的决策。

其次，虽然中国有很多科技公司正在追赶上西方科技公司的脚步，甚至成功进入创新第一梯队，但很多公司还不具备创新优势和竞争优势，这种情况下，就可以采取后发制人的策略，借鉴他人的经验。段永平虽然很看重创新，但创新并不意味着要一切争取做到第一，并不意味着抢在别人前面搞颠覆性的研发，走创新发展的道路，还是应该坚持一步一个脚印。

段永平曾经以围棋做比喻：“在世界上，步步高充其量只是个业余三四段的水平，连职业初段的水平也达不到，而通用、IBM等公司是什么？是专业九段！步步高与它们差远了，我才不和它们下棋呢，还不得输得一塌糊涂！让我先练好内功，成为职业棋手以后再说。”

对企业来说，生存才是第一要务，只有先解决生存问题，才有机会发展，去积累技术进行创新，去想办法超越前人。那么，如何才能更好地生存呢？最简单的道理就是坚持做以消费者为导向的企业，发现并满足消费者的需求，所有的技术必须以满足消费者的需求为前提，没有必要刻意追求创新，没有必要刻意寻求技术上的差异化。目前中国公司具备创新优势的不多，华为的创新能力在国内首屈一指，但是它也多次表示要走“以市场为导向”的发展之路，而不是盲目追求技术创新。还有就是苹果公司，这家公司的技术创新也没有外界想象的那么出色，苹果的很多技术是建立在其他公司的研发基础上的，苹果公司越来越倾向于成为一家以消费者为导向的公司。

利用技术创新进行突破对于企业的确有帮助，但段永平并不急于冒险，他采用的是比较谨慎的经营策略。那就是让先行者探路，找出最合适的技术和发展模式，了解该市场的基本规律，积累丰富的投资经验，他才会利用这些技术和经验进入市场，努力做到后来者居上。

他曾经专门对步步高的销售人员进行指导：“我觉得敢为天下后对较小的企业尤为重要，我们实力本来就不强，很难跟世界级的大公司相比，因此，我先看人家国外大企业做什么产品，而且要看它什么产品好卖，然后我再做什么，这样成功的概率要大得多。其实，先与后是相对的、暂时的。进入市场有先后之分，这只是竞争的开始，后来者确有不利之处，但超越前人本身就是巨大的动力和目标，而且在后面更容易看清对手和市场，更容易看到自己的差距，也更容易少走弯路，只要能找到突破口，就可以集中优势兵力，快速切入，快速跟进，后来居上。”

他在步步高的所有投资都是采用后来者居上的策略。他一直积极做市场调研工作，了解电子市场的动态，然后找到一个精准的切入点。无论是VCD、复读机、点读机、电话机，还是后来的OPPO和vivo，都是等到市场成熟时才进入的，有人批评段永平只懂得进入红海。但30年来的发展，证明了段永平独特的投资理念和战略眼光。段永平每一笔重要投资都把握住了时代发展的脉搏，获得了丰厚的回报。

段永平一直强调一句话：人多的地方才是安全的。虽然跟随性的投资有可能导致错失投资的先机，却能够有效利用先行者的经验，有效躲避风险，并且找到更加成熟、更加合理的投资模式。按照段永平的说法："当我们觉得自己有实力、有能力，并且可以打败竞争对手时再进入市场，树立起自己的品牌知名度和美誉度，占领市场。"

创业多年，投资多年，业内人士对段永平的评价更多的是"保守"，但是这并不是传统意义上的"故步自封"和"不上进"，而是一种理性的实用主义，他给自己划定了一个明确的能力圈和游戏圈，圈内的一切可以自由经营，但是圈外的东西，他基本上不会去碰。他还给自己设定了一些基本的做事原则，知道什么时候才是最佳的出手时机，贸然出手不是他的风格。在他看来，谨慎不是坏事。

如果继续延伸，你就会发现，在过去很长一段时间内，段永平要求自己和团队尽量少犯错，无论是创业还是投资，他都严格要求自己把握一个安全边界，减少犯错的机会。比如在步步高公司10周年纪念晚会上，段永平发表了讲话："我们企业之所以能够走到今天，并不是因为我们这些人有多么优秀，或者有多么了不起。我个人觉得，包括我们很多的管理人员，我们在一块商量的时候，大家有个共同的认知，就是觉得我们之所以能够走到今天，最重要的原因是我们犯的错比我们的竞争对手要少。我觉得主要是在企业理念上，我们花了很多的心思，或者说我们在做对的事情上头，我们做得比竞争对手好，这就是我们为什么犯的错比竞争对手少的原因，也是我们能够活到今天的一个很重要的理由。”

世界上有很多有天赋的企业家和投资者，他们辉煌一时，但往往在一些错误的决策上折戟沉沙，其中不乏冒险的举动和不够精准的尝试，导致自己对局势失去控制。段永平很少会出现这样的情况，他也不允许自己犯类似的错误。段永平非常敬佩和仰慕围棋大师李昌镐，李昌镐被称为“石佛”。每次下棋的时候，他从来不追求精妙的招式，而是步步求稳。看李昌镐下棋，人们很难发现有哪一步棋是神来之笔，但是看到最后你就会发现对手一直被他牵着鼻子走。为什么会这样呢？就是因为李昌镐每次下棋都追求51%的胜率，即所谓的“半目胜”，这样就可以做到每一步棋都能够压制对方。段永平努力学习李昌镐的理念，确保自己的每一步都是安全、稳妥的，虽然总体上显得保守，不够激进，但是效果却更好一些。

“敢为天下后”也是寻求安全的一种策略，其本质就是后发制人的策略。它没有先发制人的锋芒毕露，有的是沉稳的布局和一争高下的决心。它是建立在成熟的市场、成熟的时机，以及成熟的机制上执行的竞争策略，执行者最大限度考虑了潜在的风险，过滤了潜在的问题，对各方的竞争实力做了深入的研究，从而更好地实现后来者居上。

做人要本分

有一次，段永平给母校中国人民大学捐款。在当天的记者会上，他曝光了一件往事，那就是1988年离开学校之前，他没有进行论文答辩。当时学校规定学生毕业一年后，只要通过了论文答辩，依旧可以拿到学位证书，但是段永平再也没有提交论文，那时他已经在小霸王担任厂长的职务。段永平认为自己写不好论文，也没有必要拼凑出一篇论文，因此选择了直接放弃。在谈到这件事的时候，他告诉所有人："我真不是硕士，我是研究生，我记得我是我们班唯一一个没有拿硕士学位的人。"

有些人喜欢用高学历装饰自己，有人甚至特意买一个高学历，以此证明自己的能力和身价。相比之下，段永平显得很坦诚，当众自曝污点。一个坦诚的人，在生意场上自然懂得如何本分做人、本分做事，能够诚信地对待自己的合作伙伴和客户。

比如，步步高曾经邀请好莱坞动作明星施瓦辛格代言自己的产品，还将广告投放到中央电视台。由于当时遭到很多观众的投诉和反映（让一个外国人代言中国的产品，并且还上了中央电视台，这在当时让大家难以接受），央视播放了两个月之后决定撤销广告。考虑到步步高与施瓦辛格团队签订的是250万美元的合同，而且第一笔125万美元的酬劳已经支付给了施瓦辛格团队，此时的步步高决定以广告不能播放为由免掉第二笔酬劳。双方为此展开了拉锯战，施瓦辛格团队最终决定免掉40万美元。当负责人拿着双方重新签订的协议让段永平签字的时候，段永平很恼火，觉得公司这样做有违契约精神，拒绝签字，要求公司把钱如数交给施瓦辛格。此举让施瓦辛格团队感到惊讶和佩服。

中国的市场经济起步较晚，但制度上、意识上绝对不能落后于人，这是段永平一直以来坚守的经商底线。作为投资者，他喜欢与讲究诚信的企业合作；作为一个曾经的管理者和创业者，他同样坚守着自己的本分，始终以契约精神约束团队伙伴。

契约精神是市场经济中重要的组成部分，也是构建市场经济的一个基础，如果交易双方都缺乏契约意识，缺乏诚信，可以随意变更合同，或者违背双方签订的协议或者口头的约定，就可能会导致市场秩序的紊乱和市场经济发展的紊乱。一个健康、有序的市场是建立在契约精神基础上的，没有契约精神的任何交易行为都是缺乏保障的。

有人做过调查，世界500强的CEO们拥有一个共同的品质：诚实。无论是待人接物，还是生意往来，都是坦诚相对。

1998年，段永平向步步高的营销人员发表了这样一段讲话：“我们做企业最根本的东西就是本分，说话要算数，是一种本分。守信誉不是给人看的，为了一个承诺去赔钱，可能很多企业家会赖账，但我会毫不犹豫地践诺。我曾经为一种产品怒赔了1,400多万元。客观地讲，信誉是一笔巨大的无形资产，守信誉能带来巨大的收获，步步高发展到今天，正是因为有良好信誉而得到股东的支持。我觉得好汉应能吃眼前亏，吃了眼前亏将来才不会吃亏。有的人看上去很聪明，算得很精，甚至能骗钱，但他赚不到大钱。只有智慧的人才能挣到钱，他不会去耍手腕，不会去骗人，而这种企业家往往能将企业做大。”

这种本分来源于良好的家庭教育，早在读书时代，父母为了帮助他筹措盘缠，向邻居借钱，但是从来没有欠钱不还。父母本分做人的态度影响了段永平的为人。

在参加浙江大学MBA论坛时，段永平谈到了诚信的问题，他说：“我觉得很多体育项目与经营企业比较类似，围棋有一个很基本的概念，那就是一定要有‘根’，没有‘根’向外发展，就很容易被人抄后路。我们很多企业就有这个问题，基本功不扎实，就想走向世界。尤其围棋中有一个术语叫作‘本手’，就像我们做企业要‘本分’，不要去占别人的便宜。很多人知道‘本手’重要，但不知道‘本手’在哪里，这是能力的问题。”

本本分分做生意，不占他人的便宜，这就是段永平对自己、对企业的基本要求，为此他还特别谈到了处理好利益链的问题。在他看来，无论是对供应商、批发商、零售商，还是消费者，企业必须兼顾各方利益，不能只顾着自己挣钱而采取零和博弈（一方挣钱，一方亏钱）的方式谋求发展。一个负责的企业，需要整合自己的利益链，同时保护自己的利益链，确保有钱一起挣。此外，在内部管理中，管理者必须确保满足高层管理人员、中层管理人员以及基层工作者的利益诉求。

段永平将这种本分的理念和文化传承给了自己的弟子，无论是OPPO还是vivo都坚守本分，做好自己分内的工作，坚持对消费者、对客户负责，不做违背竞争道德的事情，不使用欺骗手段来赢得竞争优势和市场，不在任何公开场合诋毁和抹黑同行。段永平曾经在内部讲话中说道："我觉得互相攻击是种不健康的行为，做企业要有点风度，攻击对手恰恰是没有自信的表现。只要心态上沾染了这些东西，纵然一时得手，将来总是要摔跤的。靠攻击别人过日子，得不偿失。"

由于一直强调诚信的价值，强调价值链的重要性，段永平在创业期间，积极地处理自己与客户、消费者、下属之间的关系，努力做好自己的本分，不过度干涉他人的事情。这种本分原则和段永平一直以来的低调朴实息息相关，在他看来，一个企业最重要的是踏踏实实地做好分内之事，做企业不要耍花拳绣腿，只要老老实实做事，每次做生意都要朴实无华，多一点真心投入，少一点不真诚的博弈技巧，坚持以真诚、勤奋和坚忍的品质来武装队伍。只有老老实实前进，不偷懒，不投机，不欺骗，脚踏实地，一步一个脚印走下去，才不会轻易被市场淘汰。

同样，在中国人民大学演讲的时候，段永平这样说道："在我心目中，经营企业其实是一个很简单的问题，就好像一个农民种自己的一亩三分地。你该干啥就干啥，去炒作，去搞一些花边的东西我认为是没有意思的。我是工科出身，我对一句话印象最深刻，就是‘成功=99%的汗水+1%的灵感’。我看到现在媒介宣传得比较多的，都是那1%的东西，其实99%的东西才是最重要的。我们企业最重要的思想是本分，很多决策都是根据本分来做的，避免去搞一些投机取巧的事，这样做我们可能会失去一些眼前的利益，但是对企业长远的发展有好处。事实上，我搞企业十多年，证明这个原则是对的。”

很多人认为段永平很聪明，拥有创业的天赋和投资的天赋，而且运气也很不错，实际上所谓的天赋是建立在勤奋的基础上，他不太喜欢那种刻意追求技巧的做事方法，认为做人做事不要总是想着取巧，不要想着如何出奇制胜，有时候踏踏实实，稳扎稳打，不搞投机，不要花样，就非常有效。他非常喜欢那些勤恳、稳重的人，喜欢那些做事之前做好充分准备的人，喜欢那些慢慢积累，寻求厚积薄发的人，只有这样的人，才能在平凡的工作中慢慢打磨自己，提升自己，慢慢成长为优秀的人。

早在步步高登顶行业第一的时候，有人就劝说段永平进行扩张，让他搞多元化，也有人建议段永平收购其他企业，但是段永平始终拒绝，理由很简单，企业家必须有自己的责任：“不说别的，我手下有五六千人和他们的家庭与步步高血肉相连，我们要是哪步棋走错了，就会深陷泥淖，大家都要敲掉饭碗，企业与员工是唇亡齿寒的关系，所以我们现在的步子尽可能迈得稳些。我们在国内算是比较健康的企业，也就是安全意识比较强，健康意识比较强，不搞好大喜功，强调稳打稳扎。其实，我们也很脆弱。”

如今，步步高分成了三家公司，但是每一家公司都发展得非常好，在行业内均处于前列，可以说比之前的步步高要更加强大，但饶是如此，段永平也依旧要求步步高系的企业保持本分和低调，踏踏实实地做好自己的分内之事，并积极构建本分的文化。